U0889733

不可错过的云冈

赵昆雨 著

江苏凤凰美术出版社

图书在版编目（CIP）数据

不可错过的云冈 / 赵昆雨著. -- 南京 : 江苏凤凰美术出版社, 2022.4（2024.9重印）
ISBN 978-7-5580-9849-9

Ⅰ. ①不… Ⅱ. ①赵… Ⅲ. ①云冈石窟-介绍 Ⅳ. ①K879.22

中国版本图书馆CIP数据核字（2022）第053535号

选题策划　毛晓剑
责任编辑　刘秋文
特邀审读　叶爱国
责任校对　陆鸿雁
责任监印　生　媛
责任设计编辑　郭　渊

书　　名　不可错过的云冈
著　　者　赵昆雨
出版发行　江苏凤凰美术出版社（南京市湖南路1号　邮编：210009）
制　　版　南京新华丰制版有限公司
印　　刷　南京爱德印刷有限公司
开　　本　787mm × 1092mm　1/32
印　　张　9.5
字　　数　154千
版　　次　2022年4月第1版
印　　次　2024年9月第4次印刷
标准书号　ISBN　978-7-5580-9849-9
定　　价　98.00元

营销部电话　025-68155675　营销部地址　南京市湖南路1号
江苏凤凰美术出版社图书凡印装错误可向承印厂调换

目录

冥想的山

走进云冈，不能绕过鲜卑族。

鲜卑族，约源于尧舜时代，发源于额尔古纳河流域，别依大鲜卑山（今大兴安岭），他们畜牧迁徙，逐草而生，有语言，无文字。隋唐以后，鲜卑族逐渐退出人们的视线，但它并未消亡，而是融于中华大家庭之中。看看这些汉化了的鲜卑姓氏吧：丘穆陵（今穆姓），步六孤（今陆姓），贺赖、贺兰（今贺姓），贺楼（今楼姓），勿忸于（万忸于）（今于姓），纥奚（今嵇姓），若口引（今寇姓），他骆拔（今骆姓），出连（今毕姓），乙弗（今乙姓），破多罗（今潘姓）……，鲜卑族人就在你身边，或许还有你自己。今新疆、内蒙古、辽宁等地的锡伯族，是公认的鲜卑族余脉。

东汉初期，曾经一统蒙古草原的匈奴帝国因内部争斗开始走向没落，鲜卑人不失时机的两次南迁，填补了草原上的权力真空，他们从漠北到漠南阴山地带，经九难八阻，历数百年，最终抵达黄河岸边，呼吸到了中原的空气。

就像草原上支系交错、同流异名的河川终归一流，“鲜卑”，也是活跃于草原上各种不同名号鲜卑部落的总称。鲜卑人第二次南迁时，在乌尔吉木伦河通往科布多草原的漫长征途中，原先匈奴故地上仍零散分布着数万匈奴人，鲜卑人与他们错居杂处，相融婚媾，形成了“鲜卑父匈奴母”的族群，这就是“拓跋鲜卑”。386 年，拓跋珪在各部的拥戴下，于西拉木伦河畔宣布复兴代国，定都盛乐（今内蒙古和林格尔），阴山南北的草原上迎来了新主人。398 年秋天，拓跋鲜卑由盛乐移师平城（今山西大同），依托汉平城县原有城垣，建宗庙，立社稷，创建北魏王朝，结束了中国北方五胡十六国分裂割据的百年混战局面，开启了继春秋战国之后，中国历史上第二次民族大融合的高潮期，为中华民族共同体的形成奠定了基础。

“北魏”，其实北魏人并不这样自称，是后人为区别三国时期的“魏”国才冠以此名，又叫“后魏”。

那还是天兴元年（398）的事情，拓跋珪召集群臣商议定国号，大多数人支持沿用“代”。“代”，本是拓跋鲜卑最初小王国时的名号，取“万世相承、国运长远”之意，代国坚持了近40年被前秦覆灭。吏部尚书崔玄伯力主用“魏”，他认为“魏”是“大名，神州之上国”，为正朔。由定国号这件事可见，北魏政权中始终埋藏着新旧两种势力的对抗与角力。最终发诏时“以为魏”，但在实际使用中，北魏一直是代、魏兼用，犹如殷商。

塞上平城，鲜卑人挚爱、执守的一片土地！他们在这里定都97年之久，北魏148年的历史有一大半属于平城时代。可以说，没有北魏在平城的建都史，就不会产生像云冈石窟这般辉煌的世界文化遗产。

北魏和平初年（460），冷峻、古寂的武州山奔雷坠石，信仰的力量将山崖锻造成各种生命的符号，从金属与石头的对话中走出了佛尊的氏族、神祇的部落、诸天的阵营、飞天的组群……我国新疆以东最早的大型石窟群——云冈石窟，横空出世（图1）！

奇怪的是，这座北魏王朝以举国之力雕凿完成的大型皇家石窟，正史中仅载录百余字，还是些无关痛痒的内容，因何开窟？何时开？何人开？如何开？……只字不提。云冈迷雾，千年不解。

所以，看见云冈容易，看懂云冈很难。有的人，即便一

图 1　第 9、10 窟外景

生与云冈厮守，也未必会懂它，而有些人初次邂逅，便达精神契合。

1934 年 8 月，作家冰心观访云冈后，在日记中这样写道：“万亿化身，罗刻满山，鬼斧神工，骇人心目……目不能注，足不能停，如偷儿骤入宝库，神魂丧失，莫知所携，事后追忆亦如梦入天宫，醒后心自知而口不能道，此时方知文字之无用了。”以“偷儿”自喻，妙不可言。

2005 年，一位老作曲家为创作“云冈组曲”首次来到云冈采风，他走进第 5 窟举目端注大佛，静默良久，再回首时，已是满面泪痕（图 2、图 3）。

图 2　第 5 窟凭明窗观佛

图 3　第 5 窟主尊佛眼特写

云冈佛像的黑眼珠

北魏时期，云冈石窟佛像细目长眉，纯为石雕，并没有额外装置眼球。辽金时期，云冈佛教活动再度繁盛，武州山顶东部发现辽金铸造场地和 30 多个熔铁炉遗迹，与当时的寺院建设工程有密切关系。为佛像镶嵌黑色琉璃陶眼的事情，就发生在这一时期。

同样在第5窟，我还遇到过失声涕泣的。那是一个晚上，一友人登上阁楼瞻佛，由明窗望去，窟内金碧辉煌，大佛双眼微垂，俯瞰尘寰，真容巨壮，法相庄严。友人从看见大佛的第一眼起就手足无措，身微震颤，旋即嘤嘤啜泣不止，声音不高，但在那一刻，那个宁静的夜里，显得格外真切。

云冈，无论你怎样看都看不够，看不尽。如将它比作一座宏大的艺术宫殿，即便你穷其一生也走不出它的一个角落。云冈之大如须弥之境，走进它，纵然无法经历它悠长的镌窟史，但至少不该错失时光雕凿在洞窟岩壁上的每一闪历史的煜耀。《不可错过的云冈》，就是让您在尽可能短的时间里，检索每一洞窟中的经典。

北魏人为什么要营凿石窟?

1. 佛教由印度传入新疆再经河西流布中原，原本盛行于印度的佛教建筑形式——石窟寺，也同时进入并影响了我国。从龟兹石窟、敦煌莫高窟到河西天梯山、炳灵寺、麦积山石窟等，僧侣们都选择在依山傍水之地开窟造像，“凿仙窟以居禅”，这是宣畅妙法、度诸众生的最理想的修禅圣境（图4、图5）。

图 4　阿富汗巴米扬石窟前的古河床　蒋瑞霞摄

图 5　新疆库木吐喇石窟前的渭干河　梁鉴摄

凿石窟、重禅修，是北方佛教信仰与实践的两大特点。造像、观像、礼佛及供养，对禅僧来说都是修持的功德。

2. 北魏崇佛之风弥漫朝野，统治者推行以佛治国的政治策略，借助宗教信仰为皇权服务。平城作为北方新的佛教文化中心，佛教发展势头迅猛。尽管期间遭遇了太武灭佛事件，但不到 7 年时间，文成帝刚一即位就宣布恢复佛教。那时，心存余悸的昙曜还没有完全走出灭法的梦魇，高僧道安“不依国主，则法事难立”的遗训如醍醐灌顶，让他幡然而悟，虑及金可熔、木可朽、土可崩，“物之坚者莫如石，石之大者莫如山”（语出《金碑》），他向文成帝建议于武州山开窟五所，分别象征北魏五位皇帝，——礼佛等同礼帝，皇统与佛法共存，石窟方可固若山川。上苍、厚土之间，拓跋鲜卑巍然雕成大写的人。云冈石窟今日仍安然无恙，就是对昙曜开窟初衷的最好验证与回报。

3. 经历了五胡十六国纷争扰攘的乱世，北魏社会巨大躯体难以愈合的伤口，还殷殷渗着血，时人遭受重创的精神世界需要得到修复与抚慰。佛教恰似一江春水，亦如一剂镇痛良药，让得求解脱的人们通过开窟凿像看到轮回的自己。镌窟凿像，借此功德以妥死者之魂、慰生者之望。

为什么选择武州山开窟?

平城周边多山。

北有方山，西北有雷公山，东有纥干山，东北有白登山……众山之中，高僧昙曜何独钟情于城西武州山开窟造像呢？或说，拓跋鲜卑有“迎神于西”的传统；抑或，佛教有“尽虚空、遍法界，无非西方”之言，西方，是阿弥陀佛的安乐世界，也是佛教经典与图像的来源；又或，武州山扼平城西面，地理位置上隐含“西方”之含义。

当然，让昙曜动心或他所考量的，除了以上原因，恐怕另出他故：

1. 由平城出塞向西进入河套平原，武州塞自古为必经的交通要道。

2. 从北魏明元帝拓跋嗣开始，武州山就是为国祈福、行祭的神山，此山有神性，此崖若灵岩。

3. 武州山由中侏罗纪河湖沉积岩隆起形成，岩性以砂岩为主，石质结构松软，宜于凿窟雕像。

4. 武州山川烟云寥廓，清波滉荡，林木叠翠，远寺遥映，适合开窟、造像、修禅。

5. 武州山在昙曜开窟之前，已有寺院与斧凿声，形成了一定的佛事活动氛围。

平城考古成果证实，北魏修建宫城、明堂等大型建筑所需石材以及平城墓葬中出土的石棺床、石柱础等用石，多取自武州山砂岩，这种传统一直延续至太和年间。其他如太安元年（455）张永造砂岩石佛坐像、太安三年（457）宋德兴造砂岩石佛坐像等个人发愿的单体造像、造像碑、造像塔，不排除都是在武州山就地取石制作完成后再向外输出的。2010年，武州山顶西区发现了北魏时期较为完整的塔院式结构的佛教寺院建筑遗址，规格较高，时代不晚于昙曜五窟的凿建，僧侣们在此生活、译经。武州山山巅佛事活动之盛，与石窟营造之兴是相匹配的（图6、图7）。

云冈地理

云冈石窟位于大同市城西16公里处武州山麓，东经113° 20′，北纬40° 06′，海拔1169米，属于大陆性半干旱气候，年降雨量423.8毫米。窟前武州川发源于左云县境内的山峰，几经流转汇入桑干河。

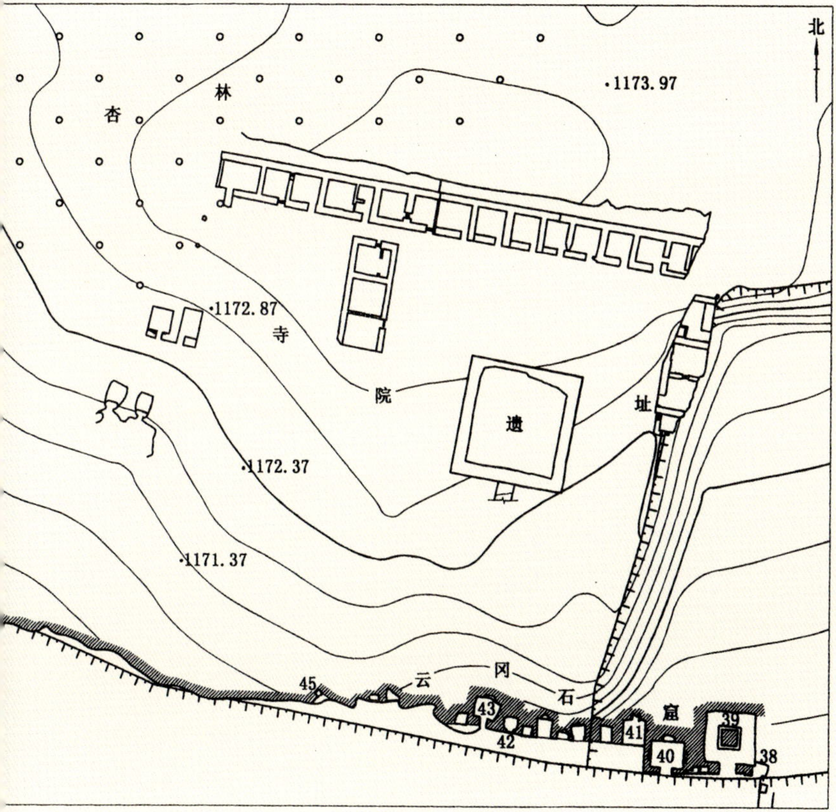

图 6　云冈窟顶西区北魏寺院遗址与石窟位置关系示意图（《考古学报》2016 年第 4 期）

图 7　云冈窟顶西区北魏佛寺遗址出土北魏石刻（《考古学报》2016 年第 4 期）

谁雕凿了云冈石窟?

云冈石窟现存主要洞窟45座，附属窟龛209个，大小造像59000余尊，洞窟规制宏大，佛像雕饰奇伟。

如此浩大的石窟营造工程该仰仗谁去雕凿完成呢?

就鲜卑族而言，他们是“五胡”中最迟进入中原的北方少数民族，礼俗纯朴，以射猎为业，雕凿佛像的手艺自是不具备，更不擅长。

北魏建国后仍不断四方征伐，开疆拓土，扫统万，平秦陇，翦辽海，荡河源，各地战俘以及内附、归降北魏的人口被大规模迁入平城，京畿之地集聚人口数量逾百万人，其中有匈奴、羯、氐、羌、高车、柔然、敕勒、吐谷浑、丁零、高丽等北方各少数民族，涉及西域、河西、辽东、河北、山东、关中、河南、淮南等地域的人口，他们之中有文人，有高僧，有良工巧匠，也有其他手工艺者。与此同时，居近塞下的胡汉商人、驰命走驿的外国商贾、手持经卷粉本的僧侣以及奉礼朝魏的各国使节等，也都满腔热忱地涌向平城，为开凿云冈石窟储备了充足的人力与物力。

参与营建云冈石窟的工匠体系一方面与平城政治地位、佛教思潮发展相适应，另一方面也随着石窟佛教美术风格与审美理想的不断变化而做出调整。所以，云冈早、中、晚三期营建工程的工匠来源有所不同。

云冈匠作谱系

代表作	洞窟 / 年代	工匠来源（发愿者）	代表人物
	早期昙曜五窟（460—471）	凉州工匠 长安、西域样式	昙曜 师子国及 沙勒胡沙门
	中期洞窟（471—494）	河北、山东工匠 长安、徐州工匠	王遇 邑义信士女等 54 人 比丘尼惠定
	晚期洞窟（494—525）	中下层官吏百姓	惠奴 吴忠伟

云冈，从镌窟的第一凿起，便注定是多血质、多元素、多脉系的，来自不同民族、不同地域的工匠与设计师雕刻出粟特商旅的驼队、伊朗风情的葡萄与尖顶帽、古希腊爱奥尼

柱与科林斯柱式、波斯兽头拱、印度多头多臂护法像，还有萨珊的仰月，那是密特拉对光明之神的崇拜。佛教造像风格上，既有源于斯瓦特平原与喀布尔河流域佛教造像高贵冷峻、厚重衣褶的犍陀罗风，也有产生于印度马图拉轻薄贴体、曹衣出水般的轻衣；乐舞雕刻集华夏旧乐、西域胡乐、印度梵乐以及鲜卑乐为一堂；同时，汉风事物充盈云冈，中国传统建筑中的平棊、瓦顶、斗拱构件以及龙、雀飞舞等雕刻遍及各窟龛，戎华兼采，庄严焕斓，反映了当时社会各民族文化大融合的时代特点。

“是谁发幻想？一凿石光遍。”

“满山石子都成佛，佛原不在此山中。”

面对云冈，古人也不断拷问历史——谁雕凿了云冈？是啊，除了成千上万的工匠，如果没有几位为那个时代而生的灵魂人物，还会造就今天的云冈吗？凿山为寺、“实经其始”的明元明，复法弘佛的文成帝，穷妙极思的宠阉王遇，当然，还有向皇帝建言最先开窟的沙门统昙曜。

昙曜，这个以“断片”方式进入凉州的高僧，史书中关于他的生平只交代了“少出家”三个字，至于他是何方人，何年生，何年卒，师于何人……一概不明。话说古代高僧的身世，哪个不是神秘莫测、踪迹虚幻？

一般推测认为：昙曜是罽宾人（今克什米尔），驻锡凉州，北魏灭北凉后（439），他被徙至平城，由此发端，一展高超智慧，可以说他一生的光芒全部绽放于平城。文成时，他主持开凿了冠于一世的云冈石窟；献文时，完美避染帝后宫闱之争，在异常复杂的政治交锋中独善其身；孝文时，游刃于冯氏、孝文“二圣”间，将沙门统的职权牢握至终。

昙曜有许多头衔，高僧、北魏最高僧官“沙门统”、“昙曜五窟”工程主持者……他还是出色的学问僧，曾在武州山通乐寺组织过两次大型译经活动，武州山因此成为中国石窟寺中最早的官署译经场。

中国古代历史上一共发生过四次灭佛事件，首次就是北魏太武帝灭佛。至于灭佛原因，除了佛、道之间的矛盾冲突外，还有佛教自身的腐化堕落以及佛教与皇权之间的矛盾等，而发生在陕西杏城（今陕西黄陵）的盖吴起义无疑是这场法难的导火索。

太平真君六年（445）秋天，卢水胡盖吴率领羌汉等各族起义军在陕西杏城揭竿而起。次年春天，太武帝亲征盖吴，在长安一座寺院内发现藏匿有兵器和酿酒工具，更令他意外的是：佛门清修之地竟然设有行淫的密室。他怒骂寺僧与盖吴通谋，下令诛沙门、焚佛像，中国佛教史上的第一次法难——太武帝灭佛发生了！灭法诏书传到平城时，留守京城的执政者是敬事佛教的太子拓跋晃，他有意缓宣诏书，高僧师贤、昙曜以及正在京邑的沙门有机会避难自保。而悲情的长安城没有那么幸运，一夜之间，寺庙佛塔莫不倾毁，一境之内，沙门绝迹。

“万法无常，缘起性空。”兴安元年（452）十二月，文成帝复法，佛教发展更盛。

文成帝复法后的第二年，昙曜受命由中山（今河北定州）返回京都平城，途中适遇文成帝出行，就在銮舆与他擦身而过之际，御马一口衔住昙曜的僧衣驻足不行。文成帝非常吃惊，认为眼前这位高僧佛法至深，遂以师礼相待，昙曜的人生由此走向巅峰。这就是《魏书·释老志》中记载的“马识善人”的故事。其实，这次奇遇不过是昙曜自导自演的一幕情景剧罢了，他提前将马儿最爱吃的草料汁染在袈裟上，专候在皇帝出行的路旁，诱使御马配合他演绎出这段神通故事，由此得蒙文成帝的信任。

除了主持营建石窟、翻译佛经，昙曜还创造性地提出设立僧祇户、佛图户制度，这两项措施解决了灾民赈济、救危急难的问题，那些被称为“佛图户”的重刑犯人重获新生，效力于寺院，植种善根，起到稳定社会、安稳民心的作用。

太和十年（486）后，史籍中再没有看到有关昙曜的活动记录，大约487—489年，昙曜卒。

如何雕凿云冈石窟？

第一步，勘察选址。

第二步，削山为壁，工程量最巨。云冈早、中期洞窟基本上是从武州川北岸二级阶地断崖开始斩山的，由上而下呈阶梯状推进，中等规模以上的洞窟都先从明窗开始掘进，尔后逐步凿出洞窟的内部空间（图8、图9）。在没有灯光照明的古代，明窗可以解决窟内的采光问题。同时，窟内上半部掘进过程中不断产生的石料，通过明窗被运往外面；下半

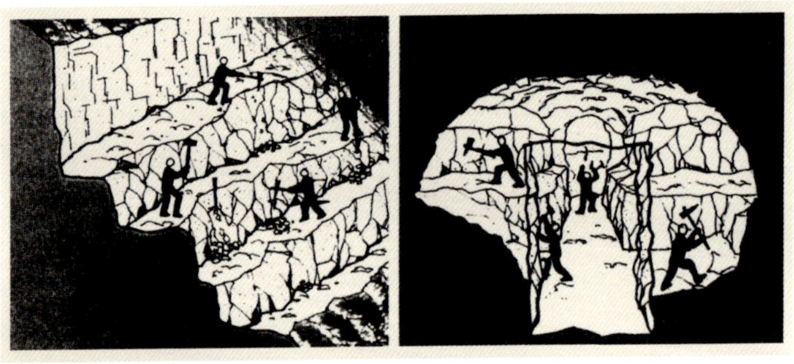

图8　营凿外壁及由明窗掘进窟内示意图（吉村怜《天人诞生图研究》，上海古籍出版社，2009年）

图 9　云冈石窟开窟想象图（吉村怜《天人诞生图研究》，上海古籍出版社，2009 年）

部分凿取的石料则由窟门向外运出，正常情况下，窟门施工都晚于明窗。当时凿取岩石是有计划、有秩序、有层次的，石料分别被切成矩形与圆形，具体细节可以在第 3 窟看到历史遗迹。

第三步，造像。洞窟内部空间形成后就搭建脚手架，进入实际雕刻造像阶段。首先是起稿，稿线用斧凿勾勒出来。也有一些大像可能在最初分层阶段时就已经开始进行艺术深加工了。主像头部、发髻、衣纹、配饰等部位，由中级以上水平的工匠完成，而人物面部及手部塑造则等待经验丰富、技艺更高的大师雕刻。这个环节的衔接有时会发生断档，因此，洞窟中经常会出现造像身体部分已雕刻完成，而头部及手部仍为粗坯的现象。

接下来的几个步骤是：

——细凿，使用较细的铁錾对造像进行加工，将造像的各种细节表现出来。

——打磨，使用平头铁刀将造像表面的錾痕整平，也会用更坚硬的石头进行打磨修饰。

最后一道工序是敷色。目前发现，云冈至少存在北魏、辽金、元、明、清几个时代的色彩，除了明、清色彩辨识度较高外，其余时代归属还有待颜料分析后的结果。

云冈品质：一朝凿就，皇家气象

不同于稍早的敦煌莫高窟，也不同于随后的龙门石窟，它们都经历了数朝历代营建完成，云冈石窟则系北魏一朝凿就，从文成帝和平年间（460—465）至孝明帝正光年间（520—525），用时约65年。

武州山云冈段有两条南北向大冲沟，使山体形成东、中、西三部分起伏的山谷，石窟依山开凿，东西绵延1公里（图10）。目前的洞窟编号由东向西按自然顺序编排，东部第1～4窟，中部第5～13窟，西部第20～45窟。事实上北魏当初开窟是有先后顺次的，主要洞窟大致排序如下：第18、19、20、17、16、7、8、9、10、11、12、13、1、2、5、6、3、14、15，最后是西部窟群（图11）。如果您有足够的时间和兴趣，可顺此时间线索去参观，会体验到云冈雕刻艺术风格及其造像样式变化的奇幻之美。

一般，云冈石窟的营建时代划分为早、中、晚三期。

“云冈”的名称

“云冈”之称最早出现在明嘉靖四十三年（1564）。在此之前，北魏时称“武州山石窟寺”，亦称“灵岩寺石窟”；唐代称“恒安石窟”“北台石窟”。

图 10　20 世纪 30 年代云冈石窟全貌（水野清一、长广敏雄《云冈石窟》第一卷，日本京都大学人文科学研究所，1952 年）

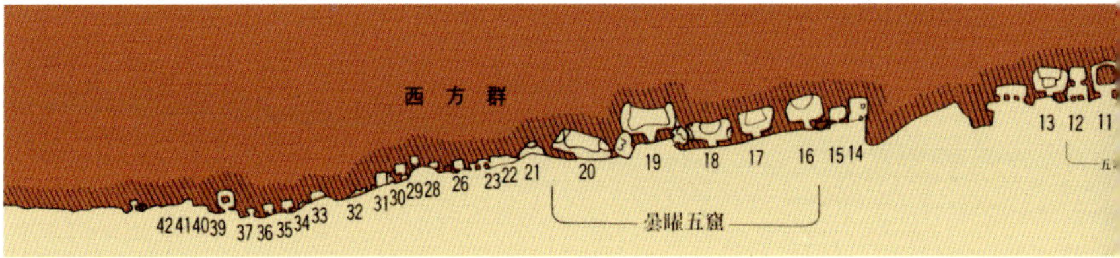

图 11　云冈石窟分布示意图（《世界美术全集》东洋编第 3 卷，日本小学馆，1999 年）

云冈早期洞窟：帝佛合一，神性之美

云冈早期（460—471）共五个窟（第 16 ~ 20 窟），因系高僧昙曜主持营建，故称“昙曜五窟”。五个洞窟的顶部均呈穹隆状，有如鲜卑民族传统的穹庐居室形貌，窟内主像全部高达 13 米以上，推测昙曜是受平城五级大寺内为太祖

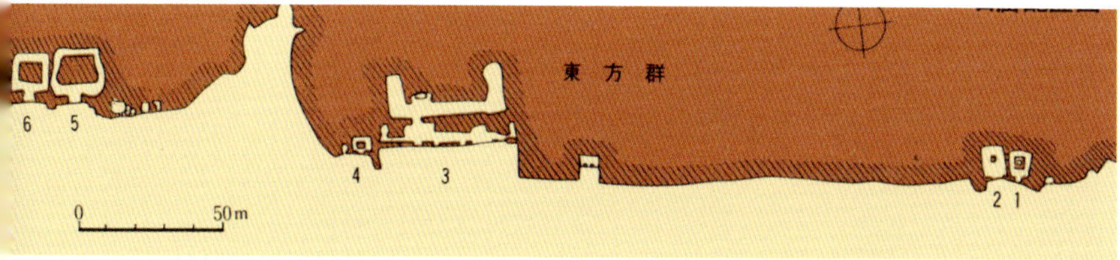

以下五帝用赤金铸释迦立像各一的启示，如法在这里为太祖以下五帝造像。那么，穹庐之下就不单纯是鲜卑人的毡帐庐室了，而是整个宇宙世界（图 12）。你静静地听，还有鲜卑的歌谣低吟：“敕勒川，阴山下。天似穹庐，笼盖四野。天苍苍，野茫茫，风吹草低见牛羊。”

昙曜五窟造像是西域佛像艺术东传的顶级作品，佛像

石窟造像身上的小窟窿

清代，由官方、寺僧化缘布施以及善人发愿等出资形式，对云冈进行修建、补塑和彩绘，其中补塑佛像采取了古法：先在佛像身上打孔，然后嵌入木桩、缠麻构成网状，用于固定敷泥，最后是彩绘。本出于做功德的善意，却造成极大破毁。当泥皮剥落，木桩朽失，就是我们今天所见到的一尊尊千疮百孔的佛像。

图 12　第 19 窟内景

面相丰圆，前额宽阔，鼻茎高隆，细目长眉，直鼻方颐，或蓄八字须，身躯壮硕，浑厚朴质，显露出北魏帝王的无上权威和高视千古的气度。菩萨像圆脸、短身，头戴宝冠，宝缯翻飞；胸佩项圈、短瓔珞和蛇形饰物，戴臂钏和手镯，下着羊肠大裙，阴刻衣纹，细腻匀称，轻薄贴体，映衬出身体曲线的起伏变化，反映了印度恒河流域一带笈多造像的特点。

云冈中期洞窟：胡风荡荡，华物堂堂

云冈中期（471—494）进入石窟营造工程最辉煌的阶段。本期洞窟规模宏大、内容丰富、形式多变，无论窟形、布局还是佛像造型都发生了重大变化，这正是云冈作为皇家石窟集中了大量技术人才在创作能力与实力上的体现和反映。

本期洞窟多双窟，主要有第7、8窟，第9、10窟，第1、2窟，第5、6窟，也有成组的第11、12、13窟，没有完工的第3窟也属于本期营凿。流行双窟的做法反映了当时既有皇帝在位又有太后临朝的政治格局。每组洞窟都锐意求变，不落窠臼。造像上既保留了中亚、印度的佛教雕刻艺术因素，又反映出浓郁的中国传统文化情愫。佛像一改之

图 13　第 9 窟前室西半部

前的袒右肩袈裟而披覆宽博的褒衣博带，菩萨面相渐趋清秀，飞天衣袂飘扬；窟顶雕平棊藻井、庑殿建筑脊顶装饰中国传统建筑样式的鸱尾……外来佛教石窟艺术中国化由此开始（图 13）。

云冈晚期洞窟：不拘约束，奇思骋越

太和十八年（494），孝文帝迁都洛阳，平城政治地位既降，影响力锐减，大型皇家营凿工程中辍。但作为社会大众信仰的重要部分，留居平城的中下层官吏以及邑人信众充分利用平城旧有的技艺和资料，继续镌窟造像，这就是云冈晚期洞窟（494—524）。此期以数量众多的中小型窟室为主，包括第 4、14、15 窟以及分布在第 20 窟以西的第 21 ~ 45 窟，总计 28 个洞窟，另有遍布崖面上的 190 个附属窟龛。

如果说云冈早、中期洞窟是为迎合国家意志而大力宣扬的造神运动，那么晚期则回归到佛教对人关怀的初衷。

晚期洞窟类型复杂，式样多变，远离了政治思想的束缚，匠师在创作上犹如挣脱脐带般地自由与超越，富于浪漫主义色彩的音乐树、俗世写实乐舞橦倒伎、影响后世的维摩诘造像等，各种新题材、新样式不断被创造出来。这一时期，佛

图 14　第 25-2 窟西壁弟子与菩萨组合

像面容趋于消瘦，细颈削肩，神情淡泊；菩萨身材修长，帔帛交叉；飞天长裙裹足，飘举轻逸（图 14）。

正光四年（523），柔然“入塞寇抄”，云冈衰落。孝昌二年（526），北镇纷乱，六镇荡然，平城沦废，云冈石窟营造工程偃旗息鼓。534 年，北魏分裂为东魏和西魏，北魏王朝退出历史舞台。

隋大业三年（607）秋，隋炀帝杨广巡游云冈石窟，第 3 窟后室西方三圣可能就是隋炀帝为其父隋文帝修建。唐代，一位来自五台山的俨禅师在云冈第 5 窟修理佛像袈裟，也有人认为第 3 窟的西方三圣造像与俨禅师或唐初守臣有关。

历代都对云冈有过维修，尤以辽代最具规模。辽兴宗、道宗时期持续 10 年之久修整云冈，道宗大康四年（1078）仅用 7 个月时间就修补大大小小造像 1876 尊。

金皇统三年至六年（1143—1146），石窟寺住持王禀惠主持重修灵岩“大阁九楹，门楼四所，香厨、客堂数十间”，云冈石窟寺院格局“轮奂一新”。

武州山山巅建堡的历史可以追溯到金代，又有上、下堡之分，先设下堡，旧称“石佛寺堡”，明嘉靖三十七年（1558）重修，改名“云冈堡”。万历二年（1574），另在山顶修筑上堡，城堡呈长方形，南墙中央开门，外筑瓮圈。入清以后，云冈堡废为民堡（图 15）。

清代光绪年间（1891—1894），五华洞曾进行过三次修建，现第 9 ~ 13 窟补塑彩画工程就完成于这一时段。

作为大型皇家石窟，云冈石窟突出、强调的是皇室的权威，统治者倾全国之财、之人、之物开凿这座石窟，正是为满足并实现国家的政治需求。所以在云冈，你不会找到类似其他石窟壁画中所见的婚丧嫁娶、耕作放牧、刷牙梳头等生活场景，也不会出现描绘茶余饭后、家长里短的百姓故事。

云冈石窟是公元 5 世纪世界美术主流的重要分支，它的最高成就是：在吸收世界各艺术流派精华的基础上，将汇聚在平城繁杂的文化支系进行异源合流的整合，创造出既融有拓跋鲜卑文化特质，又兼具印度、中亚佛教造像特点的“胡貌梵相”新模式，对中国石窟寺产生了深远的影响，成为世界范围内文化传播的典型例证。宿白先生说：“云冈石窟影响范围之广及其影响延续时间之长，是任何其他石窟所不能比拟的。……对云冈石窟的研究在很大程度上成了研究东方早期石窟的关键。”1961 年，云冈石窟被国务院公布为第一批全国重点文物保护单位；2001 年，被联合国教科文组织列入《世界文化遗产名录》；2007 年，成为国家首批 5A 级旅游景区。

图 15　武州山山顶明代城堡

2020 年 5 月 11 日，习近平总书记考察云冈石窟时强调说：“云冈石窟是世界文化遗产，保护好云冈石窟，不仅具有中国意义，而且具有世界意义。”“要深入挖掘云冈石窟蕴含的各民族交往交流交融的历史内涵，增强中华民族共同体意识。”

主要洞窟菁华

第 1、2 窟：云深处，听山水清音

这是一组双窟。所谓双窟，就是同一时期有完整计划及统一构创思想开凿的洞窟，两窟空间结构与规模一致，造像主题对应相照。开凿双窟的做法流行于云冈中期，是北魏特定的政治形势的产物。

第 1、2 窟位于云冈石窟群的最东端，窟外东、西两侧各雕一座三面开龛造像的大方塔，说明窟前最初有一个两窟共用的前厅，后来塌毁无存。第 1 窟外崖明窗东侧方形铭石题刻清代顺治初年巡按宣大、监察御史朱廷翰《游云冈石佛寺》诗。

第 1、2 窟均属塔庙窟，窟内中央矗立模仿汉式木构楼

阁形式的中心柱。塔，源于印度，梵文 stupa，音译“窣堵坡”，又称浮图、塔庙、支提等，本义是坟冢，原为呈半圆球状的覆钵形，上立刹，内安放舍利。佛教美术便起源于佛塔信仰，汉末传至中国后，形成“上累金盘，下为重楼”的中国楼阁式佛塔。

第 1 窟　塔柱分上、下两层，塔顶直入逶迤的须弥山中，八条蛟龙盘错交身其间，外围环绕飞天与大莲花，象征佛国净土。东壁残存两幅“睒子本生”故事图。

第 2 窟　外崖明窗上方与西侧，各有一处明清时代的题铭石，上面分别刻有“山水有清音”“云深处”字迹。第 2 窟又叫“寒泉洞”，一眼山泉自北壁涌出，泉水汇聚山脚成池，池畔古木葱郁。空山寂寂、闲云点点、心法灵岩、赋云酌霞、曲水流觞、清音听泉，该是多么富于禅意的幽静之地！这是明清时被誉为云中八景之一的“石鼓寒泉”。第 2 窟塔柱分三层，每层各面出挑瓦葺屋檐，四角设柱，柱承阑额，额上施一斗三升栱及人字叉手（图 16）。洞窟东壁下层浮雕太子“箭射铁鼓”佛传故事图；中层佛龛两侧设计精致的楼阁式浮雕塔，檐角悬挂长筒状风铃，塔顶山花蕉叶盛放，化生童子合掌半身涌现其间，身后是半圆覆钵，钵上竖刹柱、挂幡。

图 16　第 2 窟内景

云冈石窟中的三种窟型

大像窟　洞窟正壁雕造高大的立佛、坐佛或弥勒像，占据窟内较大空间。洞窟凿设宽大的明窗，既有助于采光，也利于由外部观佛。昙曜五窟以及第 5、13 窟等属于这一类型。

佛殿窟　也称殿堂窟，是由现实中寺院建筑形制发展为石窟的翻版。

塔庙窟　也称中心柱窟，即洞窟中央矗立方形塔柱，营造出回旋式空间，供信众绕塔礼佛，修习禅观。云冈第 1、2、6、11、39 窟就属于这一类型。

◎不可错过　第 1 窟窟门顶部　交龙

选择在窟门顶部浮雕双龙，云冈另见于第 12 窟，二者有异曲同工之妙，但第 1 窟更具张力（图 17），二龙回首对望，身体相互缠绕，独角后扬，尖耳短鼻、鳄吻露齿，利爪伸张，身上阴刻鳞片。“神龙夭矫”，这种杰出的设计继承了汉代以来的优良传统，是高水平的精神产物。

图 17　第 1 窟窟门顶部交龙

第 3 窟：发现开窟“密码”

第 3 窟是云冈规模最大的洞窟，因为迁都，迄北魏一代未能完成。洞窟外崖壁上方一字排开 12 个纵长方形梁孔，引人注目，表明北魏时期窟前曾有博敞宏丽的木构建筑。金代皇统年间又在窟前重修面宽九间的“灵岩大阁”，何时、因何而毁，史无载。

窟外上层两端各雕一座三级方塔，两塔间各凿一明窗，两窗之间另凿一庑殿形窟室，内雕交脚弥勒像。窟外下层东西各开一门，可知是两窟门共用一个后室的洞窟结构形式。后室雕造阿弥陀佛、观世音和大势至菩萨“西方三圣”像（图 18）。主像阿弥陀佛高 10 米，倚坐，面部圆润丰满，举右手，左手置膝，神态超然。两侧菩萨面相腴润，蕴藉庄重。关于这三尊像的雕凿年代，目前有北魏、隋、初唐及中唐四说，多依据造像艺术风格而推论。一般倾向于初唐。

◎不可错过　东侧窟门前室　考古遗迹

云冈大型洞窟是如何开凿的？一直以来只有推测而无确凿证据。

1993 年，云冈窟前考古发掘中，在第 3 窟东侧窟门前

图 18　第 3 窟北壁西方三圣

室意外发现未开凿完工的北魏遗迹，揭示了前所未知的石窟开凿程序与方法。窟内高低不平的地面上到处是揭取岩石后留下的矩形或圆形凹坑，还有已经分割成矩形或圆形尚未搬运出去的石块，这些都说明当时开窟取石是有计划、有秩序、有层次的。

揭取矩形石料时，先在岩面上凿出纵横交错的“田”字形沟槽，选择石块的一端，斜向凿出倾角为 30° ~ 40° 的沟槽，然后打入铁楔，用撬棍顺着岩石的自然纹理撬起（图 19）。圆形石块的揭取办法略费周折，要环绕沟槽多

图 19　第 3 窟“田”字形岩石切割沟槽　赵钢摄

图 20　第 3 窟圆形基岩揭取后遗迹

设几处铁楔，用水浸灌 10 多分钟，然后用锤、錾去开采（图 20）。为什么要如此费力地将石料切成矩形或圆形？原来，圆形石料一般会加工成磨盘用于日常生活，矩形石料则运回平城，用于宫城建设，如大同城南发现的北魏明堂遗址夯土台基外围砌石就来源于武州山。

第 4 窟：云冈绝唱

这是一座没有完工的中心柱窟，一门二窗的结构形式像

图 21　第 4 窟外景

一个倒“品”字，第 39 窟亦如此。由于整体降层工序未完，从外观看第 4 窟好似悬挂在岩壁上一样（图 21）。该地段石质结构疏松，窟内造像风化不堪，中心柱佛像及菩萨头部多被盗凿。20 世纪 40 年代，日本人曾在洞窟南壁发现北魏正光年间（520—525）“为亡夫侍中平原太守”造像题记（今风化无存），这是云冈有确切纪年的最晚洞窟。此时，北魏政权风雨飘摇，恰如这座无以为继而中废的洞窟的命运一样，沦为武州山历史荒原上的一首挽歌。

第 5 窟：云冈第一大佛

第 5、6 窟为一组双窟，窟前四层木构楼阁因岩结构，蔚为壮观，于清初顺治八年（1651）由宣大总督佟养量主持修建，明代云中八景中的“云冈摩云”即指这里。

只有走进第 5 窟，才会发现自己的渺小，那种莫名的感动、感慨、感叹，其实都来自心底，好像久久深藏的能量被点燃、被击中。第 5 窟属大像窟，穹隆顶，主像为禅定坐佛，高 17 米，是云冈石窟中最高大的佛像，后世虽曾补泥彩绘，但仍不失昔日雄伟之姿（图 22）。大佛面轮方圆，双眼微垂，

图 22　第 5 窟南壁

图 23　第 5 窟主佛

着双领下垂衣，双手环拢，结禅定印，跏趺坐。东西壁各一胁侍立佛，共同构成三世佛题材（图 23）。关于第 5 窟的开凿，有人说是为北魏孝文帝所造，真若如此，怎么理解为一位锐意创新、推行汉化的皇帝选择复古式的穹隆顶大像窟？所以，究竟为谁而镌还是云冈石窟之谜。

第 5 窟东西壁没有按照严格对称关系布龛，佛像也不再穿印度袒右肩袈裟，而披深染华风的褒衣博带，这是云冈造像在太和改制中的新变化。西立佛目光凝远，眉间施白毫，鼻直眉弯，嘴角微翘，雍容秀典。圆形头光内雕饰象征力量与光明的火焰纹，团团簇簇，熊熊燃烧，粗犷而奔放。东立佛头部为北魏原雕，颈部以下系明清时包泥彩绘，身形臃肿，比例不谐。

南壁分层布龛，明窗两侧各有一座五级方形佛塔，由一大象承驮，象鼻垂直抵地，与两前腿呈鼎立之姿，构图稳定而有力。塔身自下向上逐层递减，层层出檐，龛内雕禅定坐佛。塔刹高耸，具七层相轮，刹顶饰宝珠。窟门两侧上角各一立菩萨相对，一手托举博山炉，一手持莲蕾，细目丰颊（图 24），神情平静，仿佛沉浸于闻法的快乐之中。

图 24　第 5 窟南壁供养菩萨

图 25　第 5 窟窟门东壁树下二佛

◎不可错过　窟门有内涵

生活中常遇到这样的情形——我们一心赶往自己所憧憬的风景地，却忽略了沿途的景致，那不是完整的旅程。看云冈亦然，要放慢脚步去感知、体味古人的伟大与精妙。第5窟大佛固然令人瞩目，但千万不可忽视其他细节，如窟门东西两壁下层的金刚力士，身穿西域式的甲胄，头戴双翼羽冠，面部表情友善，一手托举，一手叉腰，分腿而立，威风凛凛。上层二佛并坐树下，枝繁叶茂的圣树长势若伞（图25）。二佛身着袒右肩袈裟对坐，手结禅定印，神情安详。这幅图像已为继第20窟露天大佛之后又一象征云冈的代表作。窟门顶部4身飞天尽管头部均被盗凿，但并不影响整体构图，其身姿飘逸，古朴的颜色看上去像一幅淡雅的水墨画（图26）。

第6窟：雕饰奇丽，多元荟萃

如果说在云冈有哪一个洞窟最能体现各民族文化交融的历史，那么，当首推第6窟。

第6窟，旧称“释迦佛洞”“大四面佛洞”，属塔庙窟，中央二层方形塔柱高15米，这种营造出回旋式空间的

图 26　第 5 窟窟门顶部飞天

图 27　第 6 窟中心塔柱

图 28　第 6 窟中心塔柱胡人雕像

中心柱窟，可供信众绕塔礼佛、修习禅观（图 27）。塔柱下层四面开龛，龛外两侧侍立众多不同相貌的胡人，他们卷发逆梳、浓眉多须、鼻高耳大，有的留山羊胡，有的蓄连鬓须，还有的戴鸟羽冠，形形色色，各具个性与民族风情（图 28），反映了来自波斯、粟特等国胡人汇集京都平城的社会历史。近年来大同地区频频出土具有西域、波斯萨珊地域特色的金银器、玻璃器等文物，也证明了这座城市曾有的繁华。塔柱上层四面各雕一立佛，四角镂雕一白象承驮九级楼阁式方塔，镌琢精巧，这是犍陀罗样式与中国式佛塔的完美组合。

当然，第 6 窟最引人注目的当属表现佛陀一生事迹的 35 幅佛传故事图。

佛传故事，也叫佛本行故事，讲述佛教创始人释迦牟尼从出生、出家、成道、说法到涅槃的种种事迹。故事中尽管有玄虚幻象的成分，但也沉淀着古印度真实的社会历史、风俗以及故事本身所蕴含的深刻哲理。

释迦牟尼，历史上确有其人，本名乔达摩·悉达多，是古印度释迦族的后裔。他创立佛教后，人们尊称他为“佛陀”，意思是“觉醒的人”。他还另有一些人们耳熟能详的尊号，如“释迦牟尼”“世尊”“调御丈夫”等。他诞生于公元前566年，29岁出家，35岁在佛陀伽耶悟道成佛；公元前486年于拘尸那罗城涅槃，享年80岁。照此算来，他约比孔子年长15岁，两人同处一个时代。

春秋战国时期，中国正值百家争鸣的大时代，古印度也兴起了由多达百种哲学派别及宗教团体参与的“沙门思潮”。最终，佛教博采众长、一枝独秀。早期佛教典籍中关于佛陀生平事迹的记述虽说带有一些灵异色彩，但始终没有背离他作为人间教主的本色。公元1世纪，大乘佛教兴起，信众们开始把在古印度流传已久的神话、寓言、笑话、故事等，全都附会于佛陀，赋予他超人性的光耀，成就了礼颂佛陀圣行的佛教经典。这时的佛陀，坐，身放光环；行，地涌莲花；跺脚，大地震荡；说法，天降四瑞花雨。他能让自己的身体变大变小、变老变少，能分身，也能合体，还能像鸟一样飞行无碍；他蹈火不烧、履刃不伤、在污不染……佛陀完全被神格化了。

第6窟佛传故事图首先从中心塔柱展开（图29），反映太子从出生到读书的少年时代生活。

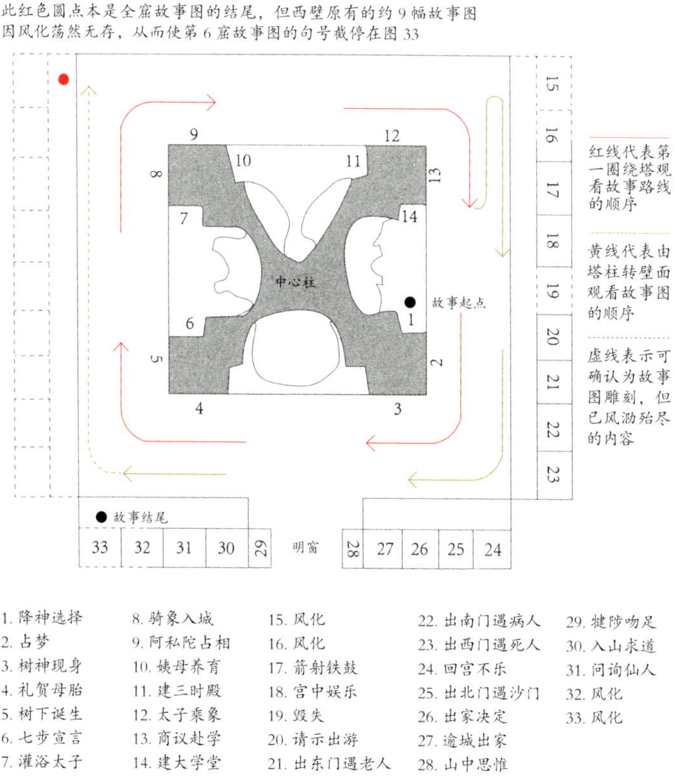

图29 第6窟佛传故事图分布示意图

1. 降神选择

佛经中讲，佛的前生是兜率天宫中一位名叫善慧的菩萨，他期运快到时要投胎凡间，可是大千世界、十方国土，他应在什么时间、以何种形象、托生于哪个国家与种族呢？为此，天上众神开了一个大法会。有一位天神建言："菩萨啊，请投胎到迦毗罗卫国吧，这个国家种姓炽盛，五谷丰熟。国人滋茂和顺，奉敬尊长，眷属和睦，生活安定。国王性行仁贤，功勋卓著。王后姿性温良，容貌绝伦，手足柔软犹如莲华。她仁慈博爱、喜好布施，前五百世时就曾为菩萨的母亲。现在，她身边没有子嗣，日夜期盼有个孩子，降神到那里吧。"此言颇符善慧菩萨心意，他当即决定以六牙白象的形貌，投胎到迦毗罗卫国国王净饭王家。

历史上的迦毗罗卫国真像佛经中所描绘的那样富庶、强大吗？公元前 6 世纪的古印度正处于群雄争霸的列国时代，当时有 16 个实行君主制的国家，其中以摩揭陀（约当今比哈尔邦）、拘萨罗（约当今的乌德）、阿槃提（约当今摩腊婆）和跋蹉（约当今阿拉哈巴德一带）4 国最为强盛。除了上述 16 国外，还有 4 个独立或半独立的共和国，迦毗罗卫国就是其中一个半独立的、具有部落贵族共和制性质的国家。

迦毗罗卫国位于印度北部喜马拉雅山南麓，横跨今印度北方邦、尼泊尔泰来地区，由十几个小城镇组成。迦毗罗卫城（今印度北方邦庇浦拉瓦）是这个共和国中最大的城镇，释迦的父亲净饭王为王首。现实中的迦毗罗卫国积弱积贫，远非佛经中所美化的那样。当时印度列国纷争、攻战不休，面对强国的觊觎，迦毗罗卫国选择投靠拘萨罗国，实质上沦为其附庸国。更具讽刺意味的是：最终灭掉它的正是其宗主国拘萨罗。

与迦毗罗卫城一河相隔的是另一个小国——拘利国，拘利族是释迦族的胞族，他们相信两族有一个共同的祖先——甘蔗王。两国间在历史上一直保持着联姻制度，以保持血统的纯粹性。净饭王聘娶拘利国善觉王妹摩诃摩耶为后，二人相敬相爱，感情很深，只是婚后 10 余年一直没有子嗣，净饭王常为膝下犹虚感到寂寞，更为未来无人继承王位而忧虑。

奇迹发生的那年，摩耶夫人 40 岁。

按佛经中的说法应该是在农历四月八日的晚上，繁星满天，迦毗罗卫城美丽的皇家花园芬芳馥郁，多罗树在夜风的轻拨下，发出天籁般的微妙音声。入夜时分，摩耶夫人由花园回到宫室，半躺在寝台上怡然闲思，不知不觉就进入了梦乡。眠寤之际，她惊见一菩萨从兜率天宫乘六牙白象腾虚而来，光色巍巍，径直冲入她的右胁。她一个激灵从床榻上坐起，感到身心无比快乐，如饮甘露，身体明亮皎洁，如沐日月。夫人心生欢喜，兴冲冲地去找净饭王说梦。

佛经中十分强调摩耶夫人是在独居守戒7天期间，夜梦六牙白象入其右胁，然后有孕，这是为证明夫人并未被种种欲望污染，腹中之胎是神圣、纯净的。

画面中，身穿菩萨装的摩耶夫人站在屋檐下，正将一些宝珠和物品施与国中的百姓，表现的是王后乐善好施的场景，预示善慧菩萨做出投胎该国的决定（图30）。

2. 占梦

摩耶夫人梦见白象投胎的同时，净饭王也感受到一种大光明，但他还不明白其中的缘由。当夫人向他讲述梦中奇遇后，净饭王急忙请占师来占梦。古印度人热衷于占卜之道，大事小事都要进行占卜。占师对净饭王说："大王，恭喜您！夫人有孕了！此子日后必将光耀释迦族，拯救那些挣扎在烦恼苦海中的人。"净饭王闻此非常高兴，赠给占师象马车乘和无数金银珍宝。

画面中，一庑殿顶建筑内，净饭王夫妇前后坐着，占师头梳卷发，迎面站立。

3. 树神现身

夫人临产的时候，世间出现了三十二种瑞应，如：园林

图 30　第 6 窟中心塔柱西面“降神选择”故事图

中的树木自然结果；大地上长出大如车轮的宝莲花；枯树复活，抽出新绿；地下宝藏自然涌出；地上丘墟夷为平川……最后一种是：一切树神，半身人现，低首礼侍。第6窟佛传图只选取“树神现身”为代表，树与印度文明有着密切的关系，早在印度河文明的印章中就已出现崇拜树神的图像。在佛像还未产生的时期，信徒们通常以圣树象征佛陀，进行崇拜。树在佛经中具有神圣而崇高的地位，佛一生中的几个重要时刻都与圣树有关。他诞生于蓝毗尼花园的无忧树下，悟道成佛于佛陀伽耶的菩提树下，涅槃于拘尸那罗城的娑罗树下。过去七佛的成佛与得道也都与圣树有关：毗婆尸佛在波波罗树下成佛；尸弃佛在分陀利树下成佛；毗舍婆佛在娑罗树下成佛；拘楼孙佛在尸利沙树下成佛；拘那含佛在乌暂婆罗树下成佛；迦叶佛在尼拘律树下成佛。泰戈尔曾说：希腊的文明产生于用黏土建造的砖屋里，而印度的文明则产生于森林之中。

画面中，净饭王夫妇合掌并立屋檐下礼敬树神，树神头发朝后倒梳，此称“逆发形”，他身体健硕，赤足单腿盘坐于台上，右手持莲蕾，左手上举（图31）。

4. 礼贺母胎

摩耶夫人身怀圣胎的消息不胫而走，迦毗罗卫国内以及

图 31　第 6 窟中心塔柱南面"树神现身"故事图特写

远近各国的男女老少都前来拜谒供养。此时的摩耶夫人因为体内所怀是菩萨转世的圣胎，所以也拥有了非凡能力，凡患风寒暑热、眼耳鼻口疾病的人，只要经她用手摩顶即可手到病除。

画面中，净饭王夫妇身穿菩萨装，一前一后坐在屋檐下，前者右手持莲，后者左手托腮、右手叉腰。折入西隅部分雕刻了四身高发髻供养天，合掌胡跪，礼贺母胎。

5. 树下诞生

摩耶夫人怀胎将满 10 个月，按照古印度习俗要回娘家分娩。这天，摩耶夫人在众多宫室眷属的陪侍下回拘利国天臂城待产，途经父亲早前为母亲修建的蓝毗尼花园（位于今尼泊尔南部波陀利耶村），她走进园内小憩。园内地面平正广长，绿草柔软，犹如天衣；异类众鸟，鸣集其中；园内悬缯幡盖，散花烧香，犹如帝释欢喜之园。有一棵无忧树枝叶茂盛，果实鲜香。摩耶夫人举手牵攀树枝，太子从右胁降生。

佛经中虽没有明示，但摩耶夫人属意外早产无疑，至于太子由腋下诞出的方式，则与印度种姓制度的社会法则相匹。种姓制度源于《梨俱吠陀》中的《原人歌》，后来被纳入婆罗门教教律与法规汇编《魔奴法典》。法典中对婆罗门、刹帝利、吠舍、首陀罗四个种姓的出生方式、社会地位、权力职责都进行了规范与约束，形成了坚固的印度社会制度。释迦族属刹帝利等级，所以太子降生的方式要遵从腋下出生的等级规定。佛教一边反对婆罗门教及其种姓制度，一边又要不自觉地去遵从这种制度——种姓制度是印度社会一道解不开的符咒。

画面中，摩耶夫人站在无忧树下，举右手牵引树枝。小太子具舟形背光，正从夫人的右胁露出上半身，帝释天胡跪在夫人旁边，准备用天缯迎接太子。犍陀罗的太子降诞图，几乎将接迎太子的帝释天与诸梵天王全雕刻为站姿（图32）。佛教艺术进入中国后，受中国传统文化尊君思想的影响，太子降诞图中的接迎者均呈跪姿，已有君臣、主仆之分。

6. 七步宣言

太子在蓝毗尼园内出生的同时，无忧树下生出七宝莲花。太子前后左右各行七步，步步生莲。他举起右手，显扬梵音，犹如狮吼："我于一切天人中最尊最胜，无量生死于今尽矣，此生利益一切人天。"话音未落，四大天王用天缯将太子围裹起来。帝释天撑起华盖，大梵天手持白色拂尘，他们侍立在太子左右，诸天伎乐播撒四瑞花雨，颂赞唱贺。园内梵音缭绕，天空五彩绚烂。

图 32 第 6 窟中心塔柱西面“树下诞生”故事图

画面中，具有舟形背光的太子立于伞盖下，右手上举，左手下垂,分别指向天地。右侧雕刻持奏琵琶、横笛的伎乐天。

7. 灌浴太子

太子诞生之后，二龙王兄弟从天而降喷涌香水，一凉一温，为太子洗浴。在佛教尚未产生前的古印度，为新生婴儿洗浴已为惯俗，佛经中灌顶浴佛的故事不过是现实生活的缩影。这一故事在我国也产生了影响，并促成了一个重大的佛教纪念日——农历四月八日浴佛节。

画面中，刚出生的小太子站在台座上，两侧各有一高发髻供养天胡跪礼敬，均具圆形头光，头光中各雕四条代表他们龙王身份的龙首蛇形，它们相互缠绕、错落有致、布局对称。这是龙王兄弟灌浴太子的场景。在犍陀罗与马图拉，灌浴图一般有两种形式：一是太子两侧各站立一人，两人头上方分别幻生出蛇形的龙，这种场合下，此二人是龙王兄弟；另一是太子两边各有一人执水瓶由太子头部浇水，此二人则是梵天与帝释天。

8. 骑象入城

净饭王得知太子降生,亲赴蓝毗尼园接迎母子二人回宫。一家人在群臣、后宫婇女及随从的拥簇下乘七宝象舆返回宫城，一路上，笳箫鼓吹，相和而鸣，梵乐法音，聒动天地，彩幡纷飞，热闹非凡。遵照传统，净饭王邀请婆罗门为太子取名，叫“悉达多”，意思是“一切愿成”。

画面中，净饭王双手抱举太子，单腿盘坐在象背上，大象威武健硕，步履稳健。伎乐天于前导引，执伞盖的侍者从后。

9. 阿私陀占相

梵仙阿私陀深居香山修行，博学多闻，神通广大，能晓知过去，也能卜测未来。阿私陀仙人双手庄严地捧起太子，端详占相。只见太子顶有肉髻，发泽绀青，眉间白毫，项出日光，躯体金色，身放光芒，遍彻大地。仙人全身一阵战栗，先是大笑，随后失声悲泣，不能自制。

净饭王惊惧失色，如被大波骇浪翻卷的小船，惶恐地问：“尊者，难道太子有什么不祥之兆吗？”阿私陀定下神来，娓娓说道：“大王，别误会，太子福慧具足，宝相庄严！我笑，是因为太子具足三十二相，八十种好，有如此相好之身的人，到 29 岁时若仍留在皇室，必将继承王位，成为统领天下的转轮圣王；如舍弃王位出家修行，必将成为广济天下、消除众生烦恼与翳障、最终求得最高真理的觉者。我哭，是因为我的寿命不长了，等不到太子成为导师教化众生的时刻，也无法获益于觉者超人的智慧。”

听了阿私陀的话，净饭王喜忧参半，他只希望太子未来继承王位，成为一统天下的王者，而不是所谓引导众生的觉者。那时起他就默默下定决心，一定要阻止太子出家。

在古人看来，凡是日后成为福泽众生的圣人，其身体的某些部位必定具有超常的特征，这些特征许是天命的标志，显示出此人的不同凡响。据说尧的眉毛有八种颜色，舜的双眼各有两个瞳子，文王长四乳，伏羲生龙鼻，老子的鼻梁成双……这种圣人异相的观念，是“圣人崇拜”的产物。

画面中，一屋形建筑内，阿私陀仙人头束高髻，长须，具头光，袒露上身，瘦骨嶙峋，半跏趺坐于束帛座上，两手抱起小太子观相（图 33）。太子具舟形背光。净饭王头戴山岳冠，合掌胡跪礼敬，身后的摩耶夫人头戴素面宝冠，亦合掌，长跪，神情庄静温婉。

10. 姨母养育

太子出生 7 天后，摩耶夫人就死了，净饭王随后娶了摩耶夫人的妹妹波阇波提·乔答弥为妻。波提为人贤慧，对待太子有如亲生。波提后来为净饭王生育了一儿一女，儿子难陀后来被同父异母的兄长释迦度化出家，也成了尊者。净饭王去世后，波提成为佛教僧团中的第一个比丘尼，后来成立了尼众教团。

图 33　第 6 窟中心塔柱北面“阿私陀占相”故事图

画面中的庑殿顶建筑内，两位着菩萨装人物并坐于方台上，净饭王单腿盘坐，右手上举；其身后的波提身体娇小，双手合掌。太子迎面胡跪，合掌礼敬。

11. 建三时殿

净饭王深恐太子日后出家，亲自挑选500名贤明多智的宫女陪侍、呵护太子，为满足太子不同季节的居住需求，特意兴建了温、凉、暑三座宫殿。殿前种植各种甘美的果树，枝叶蔚映，花实繁茂。殿后建造七宝池，池水清净澄洁，天花异葩，光丽心目。也有学者将三时殿理解为太子在一天中三个不同温度时段所用的宫殿。还有的说：太子有三位夫人，她们各居一殿。

回忆起过去的时光，太子说："我很娇贵，无比娇贵，父王为我建造了三座宫殿——一座冬宫，一座夏宫，一座雨宫。离宫殿不远处，又建造了青莲华池、红莲华池和白莲华池，还选派了4个宫女为我洗浴，用赤旃檀香为我涂身。我的头巾、内衣和外衣用的都是迦尸布料。我的头顶上方总是有一顶白帐篷，父亲生怕我白天受阳光烤炙，晚上又担心我沾濡露水。在雨季的4月里，没有男子，只有女伎侍奉我。"

画面中是一座具有中国建筑特色的阁楼，太子右手举物站在阁前。

12. 太子乘象

净饭王对太子未来可能弃家学道的忧虑与日俱增，他在宫中又增选了500名婇女，个个容貌端正、技艺超群，趣悦太子。又置办象、马、牛、羊之车，凡别的孩子拥有的玩具，都给太子一一备齐。

画面中，太子头戴素面宝冠，左手持莲蕾，斜跨在大象背上游乐。此处可能将经书中的象车进行了艺术化处理。太子前面有二乐伎演奏横笛与琵琶，后面有二侍者，一侍者执伞盖，另一侍者持花蕾礼敬。构图基本上是“骑象回城”图的改版（图34）。

13. 商议赴学

转眼太子已到读书的年龄。这天，净饭王召集群臣商议，用什么方式来淡化太子出家求道的念想。有一臣言：“唯有读书。”于是，国王命令在全国寻访能为太子传授知识的老师，最后选中了婆罗门师跋陀罗尼。

画面中的一庑殿顶建筑内，净饭王单腿胯坐于方台上，戴冠，具圆形头光，举右手。波提并坐于净饭王身旁，亦戴冠，具圆形头光，长裙及地。迎面为一高发髻人物，合掌胡跪，具头光，应是太子。

图 34　第 6 窟中心塔柱北面“太子乘象”故事图

14. 建大学堂

净饭王为太子修建的大学堂七宝庄严，床榻、学具等极其精丽。佛经中极具夸张地说：太子生来就无所不晓，甚至连行星的数目和形状都了如指掌。太子天资聪颖、博学强记、勤于思考，没几年时间，就博通哲学方面的“四吠陀”和科学方面的“五明”，接受了当时刹帝利青少年所接受的全部教育，包括军事、体育等。

画面中，太子立于阁前，穿菩萨装，头戴冠，具圆形头光，右手持物举起，左手持莲蕾置于胸前。

伴随太子美好的童年时光，中心塔柱上的故事雕刻至此结束了。接下来，故事图将转向洞窟东壁下层，讲述太子由试艺订婚到出家修行的青年时代生活。

15. 太子较艺之箭射铁鼓

释迦族尚武，刹帝利又属武士阶层，所以太子从小就进行了武术方面的习练，并且技艺超群。太子 17 岁那年，净饭王欲为他纳妃，太子遂与提婆达多、难陀较力，试艺订婚。试艺订婚是尚武的古人普遍采用的选婿模式。

太子、提婆及难陀三人走进射艺场，七面铁鼓隔十里置一。提婆达多首先出场，一箭射穿三面铁鼓。难陀次第登场，他不甘示弱，同样射穿三面铁鼓。二人箭术精湛，弓力过人，

图 35　第 6 窟东壁“箭射铁鼓”故事图

引得观众惊叹称绝不已。太子登场，执行师将前面二人用过的弓箭递给他，他乜斜了一眼，说：“这弓太弱，能不能给我找一张更强劲的弓？”几个人很快将太子祖上供在天庙里的一张良弓抬来。太子左手执弓，右手引箭，开弓的声音响彻整个迦毗罗卫城，他凝神屏息，一箭释发，彻穿七面铁鼓！箭镞落入水池后先是激起一股泉流，然后又穿越围绕大千世界的铁围山。

画面中，三人张弓搭箭前后并列（图 35），前方竖立三面铁鼓，鼓的上方雕饰羽葆。下端有一只猕猴，用左前肢持箭杆，正是它助太子“一臂之力”，将箭镞扎入铁鼓。

16. 宫中娱乐

一般认为这幅画面是讲太子新婚之后在宫中嬉戏欢愉的故事内容，但仅就画面中人物之间的关系与动作来看，并没有对应的佛经经文去做解释。它或是延续上一幅太子试艺的情节，讲提婆与难陀比试手搏的内容。佛经中说：难陀手搏较力大胜提婆，心胸狭窄的提婆接受不了这个结局，当即“顿躃闷绝”昏厥过去，后“以水灌之，有顷乃苏”。手搏与角力是两个起源很早的不同类型的观赏项目，更准确地说：手搏是武术，角力是角抵戏。

画面中，一人单腿盘坐宫殿内，戴冠，具圆形头光，左手上举，身后有三角形靠背，此人应是太子。殿外台阶下，一人半躺地上，另一人持水瓶塞其口中正在灌水（图36），半躺之人便是刚刚苏醒过来的提婆。

17. 请示出游

宫中优裕的生活不能羁绊太子对生命意义以及外部世界的思索与探求。这天，他终于向父亲请示外出游观。净饭王当然没忘记阿私陀仙人的预言，但一番深思熟虑后，他还是答应了太子的请求。他敕令群臣整治园观，将太子经过的所有道路提前清理干净，沿途不允任何人与太子对话或接触。

图 36　第 6 窟东壁“宫中娱乐”故事图

又派遣一位聪慧善辩的旧臣随侍应对各种突发事件。临行前，太子来到净饭王居室，头面礼足，向父王辞别。

画面中，净饭王头戴宝冠，单腿盘坐于盝形帷幕帐内的榻上，他左手上举，右手叉腰，穿对襟宽袖上衣，腰系带，帔帛飞扬。太子合掌胡跪一旁。在“宫中娱乐”与“请示出游”两幅故事图之间，原本还有一幅图，可惜早年崩毁，内容不明。

18. 出游四门——出东门遇老人

迦毗罗卫城东西南北四门外都有园观，楼阁清泉，七宝庄严，香木花果，闲静幽美，有如忉利天欢喜之园一样美好。这天，太子在众官员侍从的跟随下，由城东门出行。这时，净居天化成一位老人，白发稀疏蓬乱，拄着杖，颤巍巍地朝太子走过来。太子打量着来者，好奇地问随从："他是谁，他怎么了？"

"他是老人。"随从答。

"什么是老？"

"气力虚微，夜不成寐，生死无度……"

"人人都会老吗？"

"一切天龙鬼神、帝王人民、贫富贱贵，都有此患。"随从诚实地回答太子。

人生竟有"老"之苦痛！太子不禁慨叹，日月流迈，时变岁移，老至如电，身岂长持？我虽富贵，岂能独免？为什么世人处危而不惧呢？想到这儿，他愁思不乐，便命令众官员及侍从返车回宫。

画面中，象征城门的汉式瓦顶宫殿建筑前，太子骑在马上，头戴宝冠，身着汉式袍服，腰系带，举左手，似正与前方身着俗装、弯腰拄杖的老者对话。太子身后有一侍者执伞盖，伞盖装饰华美，前方有一飞天。地面上，莲花绽放。太子出游四门的故事出自《长尼迦耶》第14部《大本经》，本是讲述过去佛毗婆尸太子出家的事迹，后来被移植到了佛陀身上。

19. 出游四门——出南门遇病人

几天后，太子在百官及侍卫的前呼后拥下由城南门出发。此番，净居天化作病人出现在路边，只见他面色萎黄、喘息呻吟，手拄双杖，全身颤抖，气力虚弱。太子诧异地问侍从：“这是什么人？”

侍从应答：“他是病人。”

“病人？什么是病？”

“百节痛苦，气力虚微，虽有手足四肢，却不能自持；饮食不下，睡卧不安，命在须臾。”

“命在须臾！人人都会生病吗？”太子惊异地问。

“世间一切人民，不分贵贱、不论男女老幼，都会生病。”侍从答。

太子呆呆地看着眼前的病人，自言自语道：“万物无常，有身皆苦，生皆有此，谁能幸免。我不久也将会是这样，不也同样痛苦？每一个生命都是极大的苦痛聚集之所，世上的人却在这苦痛中横生欢乐，愚痴无知，不知觉悟。我今天在这里嬉戏游园，也同样是不知觉悟的人啊。”于是，驾车回宫，坐自思惟，愁忧不乐。

此处请注意，无论在犍陀罗还是新疆克孜尔或甘肃敦煌，“出游四门”图中的病人都依佛经“水腹身羸，卧于道侧”表现腹胀如鼓的人物形象。“水腹”是因腹腔内液体吸收失衡而造成的大肚子病，在古印度属于多发性的难治之症。可是，北魏平城气候清凉，罕见水腹，如将此形象雕于窟壁，会存在地域认识差异，或误为孕妇。如何是好呢？第6窟工匠妙“凿”生花，改梵为华，雕一人手拄双杖半跏趺坐，右足被凿掉，一眼望去便知是瘸脚，以喻病人。

画面中，宫殿前，太子骑马，腰间系带，裙摆如翼。前方有一胡貌病人，头梳“逆发形”，手拄双杖，半跏趺坐在低矮的束帛座上，右足断失（图37）。上角有一飞天，帔帛飘飞。

20. 出游四门——出西门遇死人

太子准备出游西门。迦毗罗卫国有一婆罗门，名叫优陀夷，此人既聪慧又有智谋，还口才极佳，净饭王决定让他伴行太子，并吩咐他说：“太子前两次出游东、南二门，莫名遇见老人、病人，回宫后愁闷不乐。你灵活机智，沿途中如遇不测，要诱悦其心，千万不要再发生不愉快的事了。”然后召集众臣，要求他们在太子出行的西门沿途修整台榭，用香花铺道，再选派一些娇美无比的女伎提前在城外的林园中

图 37　第 6 窟东壁“出南门遇病人”故事图

迎候太子，让太子出门所见到的景象无异于宫中。

这天，太子在优陀夷的陪同下，由百官引导出城西门，一路上焚香散花，歌舞鼓乐相伴。净居天又出现了！今天，他准备变化成一位死者，不过，考虑到前两次化现老人、病人后，让侍从们回去没少无端受嗔责，所以，今天他打算只让太子和优陀夷 2 人看见化现的死人，免得牵连他人受责罚。

这是一场出殡的场景，4 人举舆，各种香华布散在尸体上，家中老少，号哭相送。所有这些只有太子与优陀夷 2 人看见，自然，我们也不会在画面中看到这些。“前面发生了什么，为什么有那么多人号啕大哭？”太子问。优陀夷佯装不知，沉默不答。太子又问，优陀夷依然不答。如是三问，优陀夷仍不答。这时，净居天以神力令优陀夷启齿讲话：“是死人。”

“死人！什么是死？”太子问。

优陀夷已经不受自己控制了，回答道：“死者犹如刀风解形，神识丧失，身体各部位没有知觉。这个人在世的时候，贪恋五欲，爱惜钱财，不明白生死无常。现在死了，又让父母及亲戚眷属追念哀悼。其实，人一旦命终，就像草木一样，所有的恩情好恶与他都没有关系了。”

太子听此，心生战怖：“唯此人死，还是人人都如此？”

优陀夷答：“人生有死犹春有冬，身没神逝宗家别离，人物一统无生不终。”

太子素性恬静，听了优陀夷的解答后，心如浪涌，身不自安，喃喃自语：“世间既然有死的痛苦，为什么人们还恣意放纵，心如木石，不知畏怖？”说罢，命令百官及侍从驾车回宫。优陀夷及众随从面部表情颦蹙，愁忧惨戚。

画面见于第6窟东壁下层（图38），城门前，太子骑马，优陀夷在前方双手合十而立。画面下部已风化剥蚀，依稀可辨两立姿人物。左上角另有两个穿鲜卑装的俗人，头戴大头

图 38　第 6 窟东壁“出西门遇死人”故事图

垂裙帽，身着夹领窄袖衣，足蹬高靴。一人肩扛长幡回望，灵幡飘动；一人转身召唤后面的队伍。画面中并没有死者出现，仅以两个送殡的人就巧妙喻示一场与死亡相关的葬礼主题。本是讲述 2000 多年前古印度王子出家的传奇故事，怎么会有鲜卑人出现在其中呢？这便是时代的烙印。对北魏工匠而言，古印度火化的葬俗不符合本土常理，那么这场“移师”平城的葬礼该如何表现？他们只能根据日常生活中所见的出殡场景，改梵为鲜卑，如此改造，观者轻易就能看懂画面内容。石窟中，鲜卑文化因素对佛教艺术的影响与渗入有时属于刻意体现，有时则于不自觉中。这些变化，符合佛教艺术中国化、世俗化的发展趋向，反映出社会民众对佛教艺术的参与和体验要求。

21. 宫中不乐

佛经中十分强调太子每次出宫游观后的反应，特别是遇到老人、病人、死人后，每次都中途折返，回宫不乐。太子愍念十方，但内心迷茫。“宫中不乐”故事图设计在南壁首幅，介于“出西门遇死人”与“出北门遇沙门”之间，预示接下来的故事内容发展将有重大转折，为随后太子作出出家决定将人生命运推向高潮起到铺垫作用。

画面中，盝形帷幕帐内，中央人物已漫漶不清，旁侧两身供养天双手合掌，面部转向下一幅画面，通过人物视线的转移，表明前后故事图的呼应关系，这是云冈独特的雕刻艺术语言。

22. 出游四门——出北门遇沙门

不出所料，仅隔了几天，太子又向净饭王请示出城游观北门。这是他人生经历中最重要的一次出游。此行，仍由优陀夷陪同，一路上异常平静，一众人很快就来到城外的园林地。太子下马走进林荫间，独自一人端坐树下静思解除老、死、病、苦的问题。

事物时起时灭，生命转瞬即逝，万物变幻无常，可是没有一个人知道这究竟是为什么。太子正在思索中，净居天化作沙门，身着法服，一手持钵，一手执杖走了过来。太子恭敬地问：“你是谁？”

“我是沙门。”

“什么是沙门？”

“出家修行求道的人。世间的人都沉溺于危脆的人生中，我所修学的是没有各种人生烦恼、苦难的圣道，不追求人间的名利财色等五欲，已到达解脱的彼岸。”说完，净居天就腾虚而去。太子感慨不已，自言自语道：“善哉善哉，我从开始遇到老、病、死之苦，昼夜为此恐悸危栗，百思不解。今天又遇此沙门，他短短几句话就开悟了我。出家修行求道，这不正是我一直追求的解脱之道吗？”想到这儿，他起身命优陀夷返回宫城。一路上，太子内心洋溢着从未有过的愉悦。

画面中，太子骑马停在城门前，左手上举似正与迎面站立的比丘对话，比丘具圆形头光。太子身后有一侍者执伞盖，前方有一飞天。

沙门，是“宗教修行者、修炼者”的意思，是对苦行者、出家人和游方行乞者的通称，是印度土著居民的宗教代表。沙门思想内容的核心是“苦行”，认为只有通过修炼苦行才可以获得神秘力量，这是针对婆罗门教以“祭祀”为核心，通过祭祀天神获得现世幸福观进行的旗帜鲜明的反对与抨击。

23. 出家决定

恩爱集会，必有别离。太子出家的决心不可阻遏，净饭王内心痛苦，却无任何办法。就在这时，一个好消息传来——迦毗罗卫国的大相师们不约而同占知一事：即日起 7 天之内如果太子没有离家出走，将永生放弃出家修道而成为统领迦毗罗卫国的转轮王！净饭王喜出望外，在他看来，完全有把握严格控制太子 7 天。他开始实施周密的防卫计划，全天候关闭城门并增设千名精兵守卫、宫外宫内全部布置人马、侍女们弦管迭奏，7 天内通宵尽日，最后又叮嘱太子妃耶输陀罗昼夜不离太子左右。

果如净饭王所预控的那样，7 天即将过去，太子仍安然留在宫室，一切平静如常。夜将过半，太子最终选择出家还是成为转轮王，很快就要得到验证了。大功即将告成，折腾了数天，耶输陀罗及宫娥婇女们都已筋疲力尽，此时她们松了口气，开始昏昏欲睡。太子此夜无眠，想了很多很多：我被生、老、病、死、忧伤、苦恼所束缚，但为什么还要追求具有同等无常性质的事物？受缚于本质如斯之物，我应如何去认识它们的利害关系，从而追求未曾证得的、无上圆满的安乐涅槃？家庭生活使人受到束缚和限制，是挣扎不休的火坑！但是，出家人的生活犹如天空一样广阔。因而作为一个在家人，想要圆满、清净无染地修习梵行是非常困难的。思索中的太子，身放光明，智慧之光照到四天王宫和净居天宫，诸天神得知太子出家的难处，便以神力让宫中的人们都昏沉而睡，只有耶输陀罗从睡梦中醒来，她见太子仍坐在床榻边，长舒一口气，说："我刚刚梦见明月堕地、牙齿掉落、右臂断失，还以为梦中之事是您弃家学道的应兆呢？"太子宽慰她说："你看，月犹在天，齿未脱落，右臂也完好。尽管睡吧，不要心存忧虑。"耶输陀罗竟又安然入睡。太子起身遍观宫内女伎，一幅世相无常的丑态呈现在他眼前：她们席地而卧，酣睡一片，好像木头人，也好比芭蕉，叶子看上去光鲜照人，芯秆却空虚不实。白天里，她们还都有模有样地歌舞作乐，此时却蓬头散发，脑袋斜枕着乐器，鼻涕、涎水肆意流淌，龇牙咧嘴，哼哼唧唧，眼前的场面犹如坟场一样。太子慨叹道："我应学习过去诸佛所修道行，尽快远离这污浊的尘世。"于是便让车匿牵引白马犍陟准备出宫。女伎丑态的细节，本出自巴利语律藏《大品》，说的是耶舍出家的故事，后来被改造到太子出家的故事中。

画面中，盝顶帷幕帐内，耶输陀罗右手支颐卧于榻上，太子单腿盘胯于床旁，抚腮凝神冥想，身后胡跪一高发髻天人。榻下的 4 身乐伎呈慵倦之状（图 39）。

24. 逾城出家

面对高高的宫墙、紧闭的宫门和戒防的护卫，太子如何才能脱身？再说，人能翻墙越室，马怎么办？此刻，太子身放光明，彻照十方，他发出誓言："过去诸佛出家修行之法，我现在也能做到。"话音刚落，天降四神，捧托马蹄，载着太子，逾越宫城。也有的佛经讲，生怕铿然作响的马蹄声惊醒入睡者，神明们才降到凡间捧托马蹄，助太子悄然出宫。

城外一片沉静，仿佛什么事情都没有发生过。太子深吸一口气，坚定地说："我若不断生老病死忧悲苦恼，终不还宫；我若得不到最高的智慧觉悟，终不见父王；我若不断尽世间恩爱之情，终不见波阇波提和耶输陀罗。"

画面中，太子骑马行空，四天王各捧一马蹄迅起，帝释天执伞盖伴随后方。特别值得注意的是：该图设计在窟门边上，位置非常巧妙，马头朝外，正夺门而去（图 40）。

25. 犍陟吻足

拂晓时分，太子来到了跋伽仙人修道的苦行林前，他翻

图 39　第 6 窟南壁“出家决定”故事图

图 40　第 6 窟南壁“逾城出家”故事图

身下马，手抚马背，万分感慨地说：“爱马犍陟，最难完成的事你都做到了。”转身看看随侍他的仆役车匿，说：“车匿，你跟随我这么久，你是忠诚的，我很感激你。你看，这片丛林多么宁静，正是我希望去的地方。你与犍陟一起返回宫城吧。”

车匿一听要与太子分别，悲号啼泣，执意不归。话说回来，他回宫后，如何面对国王？如何面对太子妃耶输陀罗？如何面对众人对他的责难？

爱马犍陟晓解太子的意思，前膝跪地，舐吻太子的脚，泪水夺眶而出。太子取出七宝剑，剃除须发，换好法衣，毅然朝森林深处走去。佛教产生之前，婆罗门就已有剃发出家的习俗，这一传统后来也为佛教吸收继承。

画面高悬明窗西壁，与明窗东壁的“山中思惟”图对称布局。出家是佛陀人生中的一个转折点，至此，第6窟佛传故事的发展达到了高潮。画面中的太子半跏趺思惟坐，一匹老马两膝跪地，正吻别太子右足。

26. 山中思惟

辞别了仆马，太子来到山间静坐思惟，他庄严端正，光喻日明。摩揭陀国国王频婆沙罗王闻讯赶来迎见太子，心生敬重，表示愿意分出国家的一半给太子治理，太子婉言谢绝。

画面位于明窗东壁，太子托腮半跏趺坐，这种坐姿隐喻着从欲望的俗世界向安隐的解脱世界的转换。

27. 入山求道

太子入山后，首先寻访了奉行苦行主义的跋伽仙人。这些苦修的人穿着用草苇或树皮做成的衣服，一天一食或两天一食甚至三天一食，也只吃些草木花果。有的人卧于荆棘之上，有的人卧于水火之侧……如此苦修的目的是死后生天。这种“苦求果报，终不离苦”的方式与太子所求索的道法相去甚远，他只停留了一晚，便辞别了他们，向阿罗逻迦兰仙人修行的地方走去。

画面中，山峦间古木葱葱，一人结跏趺坐于洞穴中苦修。另一高发髻人物穿长袖对襟短袍，腰束带，举左手侧立，旁雕一树，树冠落鸟（图 41）。

28. 问询仙人

阿罗逻迦兰仙人 16 岁时出家，修习梵行 104 年，修得了超越“无所有处”的“非想非非想”禅定境界，太子师从他不久就体证了“非想非非想”的深定。但这种定法仍不离情爱，不能解决关于社会、人生的问题，不能得到真正的自觉解脱。于是，太子辞别了仙人，独自去伽耶城之南的优娄频罗村苦行林了。

图 41　第 6 窟南壁“入山求道”故事图

画面中，一高发髻人物结跏趺坐于树旁，右手持水瓶，左手托一圆形物，探身似与迎面人物对话。另有两高发髻人物一前一后，面朝西站立，前者左手托圆形物，右手持水瓶；后者具圆形头光，双手当胸捧圆形物。画面下半部雕 5 身高发髻人物，已风化，但能看出其中的两人手托圆形物，面西而立。

29. 降魔成道

太子在尼连禅河中洗掉了 6 年的积垢，上岸后，意外获得并食用了牧女供养的糜乳，虚弱的身体得到了补养。他端坐在菩提树下，心中正念：“不成正觉，不起此座！”

魔王波旬预感到太子将成正觉，深忧日后将被太子的道法所降服。于是，集合魔军来到太子修行的菩提树前，想方设法阻挠、恐吓太子。波旬有三个女儿，妖冶巧媚，善能惑人，号称天女中第一。此时，三魔女佩戴各种珍珠璎珞，体香摄人，在太子面前搔首弄姿。面对魔王的恐吓、魔女的诱惑，太子身心寂然，不为所动。魔王气急败坏，号令魔军发动攻击，有的执戟操剑，有的手持金杵，有的是长爪利牙，有的是猪、驴之首，有的是熊、狮兽面……顿时，烈焰冲天，山谷震动，四大海水波涛汹涌。太子正襟危坐，眉间白毫放大光明，照彻一切世界，魔军发射的箭停滞空中，箭镞落到地上化为美丽的莲花。接着，太子又用智慧之手按令大地，大地震动，魔军崩溃堕落，三魔女变成了三老妪。

此处所谓“魔”，其实是太子在禅定过程中产生的种种欲念的化身，是修行者思想意志最脆弱的部分，是幻觉。就这样，年近 35 岁的太子在菩提树下静坐思惟，克服了一切魔障，战胜了自我，他心宁意净，光明无染。经 7 天 7 夜，终于在农历二月八日初夜时分“睹明星而证道”，彻悟解脱人生诸苦之道，成为天上天下三界独尊的天人之师。从那一时刻起，他被尊称为“释迦牟尼”。

一般认为：释迦最初悟得的佛法内容包括原始佛教基本教义中的“四圣谛”“八正道”和“十二因缘”。

第6窟降魔图构图严谨（图42），龛内一佛结跏趺坐，施无畏印，具火焰背光。龛外魔军排列有序，形象怪异，有马首、牛首、熊首、象首等，或托山、抱石，或持弓、舞剑、挥斧，或捉蛇，或口吐火焰。龛右侧雕刻诱惑佛陀的三魔女。

30. 初转法轮

佛陀决定去波罗奈国鹿野苑（位于今印度北方邦宗教名城瓦腊纳西以北10公里处），向正在那里苦修的憍陈如等五人宣说法理真谛。后来，憍陈如等五人受到佛的教诲，认识到了生命的真谛，全都成就了圣人的最终理想——阿罗汉。这次说法，被称为“初转法轮”。

画面中，盝形龛内一佛结跏趺坐，台座前的圆盘状盛器内呈“品”字形置三个圆轮，象征佛、法、僧三宝，两侧各伏一鹿跪听。龛外两侧雕刻憍陈如五比丘以及身着鲜卑俗装的闻法弟子。

31. 降服迦叶

这是讲述释迦成道后，降伏事火外道迦叶三兄弟及其弟子的故事。不过，此迦叶三兄弟是指优楼迦叶、伽耶迦叶、

图 42　第 6 窟西壁“降魔成道”故事图

那提迦叶，与佛陀十大弟子之一的摩诃迦叶无任何关联。三兄弟共有 1000 弟子，他们的道场沿尼连禅河上下游分布，长兄优楼迦叶住在河上游，拥有 500 弟子；下游两个弟弟各有 300 弟子和 200 弟子。

一日黄昏，佛陀来到优楼迦叶的道场借宿，当时只有一间石室空闲着，那是因为里面盘踞一条恶龙，随时会发作伤人。尽管迦叶一再劝阻佛陀入宿石室，但是佛陀却坚毅不改。当晚，恶龙果然毒心骤发，身放赤烟，烈焰充盈石室，佛陀即入火光三昧，身心不动。火势迅猛，迦叶师徒闻讯冲出来，前所未见的大火令他们惊慌失色，众弟子忙不迭地运送水罐扑救大火，怎奈火势越浇越盛，绝望下，他们只好放弃了救援，眼睁睁地看着石室被大火吞噬。迦叶想到“年少沙门”的生命就此了断，内心充满了忧伤。第二天天刚亮，迦叶师徒就到石室准备收拾残骸，冷不防，“年少沙门”容颜怡然地从黑魆魆的石室里走出来，手中持钵，举示迦叶说：“让你们担忧了。我内心清净，不为外灾所害。那只毒龙已被我降伏，就收在钵中。放心，它已接受三皈依，再不会复发毒性。”“年少沙门”不但处火不烧，还降龙入钵！迦叶师徒目瞪口呆，叹未曾有。不过，迦叶也是精进修证、自认为已得道的圣者，他在摩揭陀国享有至高的威信，深得国王的尊重和人民的爱戴，况且还有一套完整的组织体系和500弟子，想度化他谈何容易。稍顿，迦叶镇定下来，风轻云淡地对弟子们说："年少沙门固有神通，但与我的道法相比还差之甚远嘛。"

随后的几天里，佛陀通过多次化现神通，终于劝化了迦叶师徒，他们将祭火用具全部丢弃于尼连禅河。祭具顺流漂下，下游的两兄弟见后断定兄长这边有变故，带着徒弟们匆匆赶去，当得知兄长原来受戒加入了僧团，便不由分说也随同皈依了佛陀。迦叶皈依佛教是佛教史上的一件大事，佛教僧团由此扩大为上千人的组织，这对佛教的传播及影响具有重大的作用与意义。

画面构图十分壮观（图43），佛像持钵，结跏趺坐，波状发髻，脸庞闪烁着庄严的神性。他举右手施无畏印，左手持钵，钵中盘蜷一条龙，龙头向外探露。龛外，重峦叠嶂，众梵志或背罐运水，或持瓶浇水，忙忙碌碌，一派扑救大火的紧张态势。救火的外道头束高髻，眼窝及脸颊深陷，大眼，蓄须，均袒露上身，瘦骨嶙峋，下穿裙，赤足。

第6窟佛传故事图自然、巧妙、统一地融入全窟的设计中，反映了释迦佛尊不同年龄阶段的求道历程，体现出设计师力求禅观对象多样化呈现的构创思想。无论是题材内容、

图 43　第 6 窟东壁“降服迦叶”故事图

表现方式，还是雕刻技艺，这组佛传故事画面都达到了空前的艺术高度。

◎不可错过　东壁　小洞孔背后隐藏的工程事故

其实，这一切，都起于北魏施工时的一次工程事故。

按照云冈石窟严格的对称原则，第 6 窟东壁中层原本设

图 44　第 6 窟东壁改变计划后的布龛

计三个大龛，与西壁龛像布局形成对称，但最终在中央位置处改为浅浮雕千佛壁（图 44），事出蹊跷。

这里有个细节请注意，第 6 窟东壁千佛壁倒数第 4 排小龛内可以看到一个透光的小洞孔与第 5 窟贯通，原来，因测算失误，一壁之隔的第 5 窟在雕凿西壁立佛时，凿口切入太深，致使两窟之间的共用壁厚度被严重削薄，第 6 窟已没有

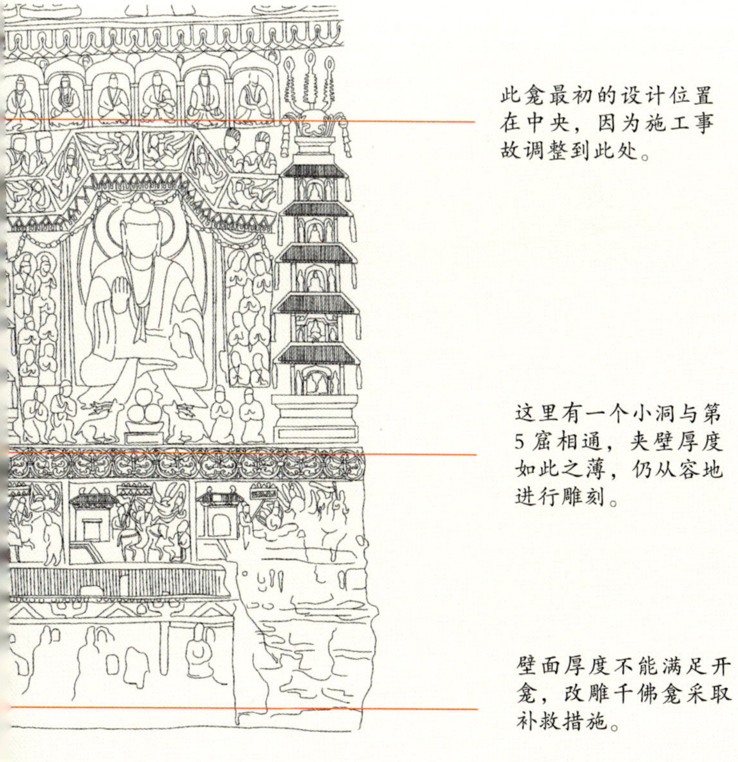

条件按原计划继续在这个位置开凿龛像，无奈之下改为取石较浅的千佛壁。此避让态度表明第5窟西壁施工的完成时间要早于第6窟东壁。

这次意外还造成第6窟千佛壁垂直向下有一个一人高的洞口与第5窟相贯通，至少到了清代，这个洞口一直被敷泥覆盖。20世纪70年代后期，第5窟一侧的洞口垒石重新封堵，并用水泥涂抹遮盖，维修痕迹至今可见。

第7、8窟：东风染得千红紫，曾有西风半点香

第7、8窟不仅是云冈中期（471—494）最早开凿的洞窟，也是云冈最早出现的双窟。它们在洞窟形制上也发生了颠覆性的变化，一改早期昙曜五窟草庐式的大像窟而为前后室结构、平面呈横长方形的佛殿窟，造像题材由早期洞窟不食烟火的高冷、寂寥到“绲飞梁于浮柱，列荷华于绮井”的人间万象，第7、8窟承载了云冈石窟胡汉杂糅、文化更新、民族变革大时代中的最重要角色，中西文化在这里产生对撞后呈现出令人惊艳的异域之美（图45），尤以装饰纹样突出。梁思成先生说：

云冈石刻中的装饰花纹种类奇多，而十之八九，为外国

图 45　第 7 窟后室北壁佛座旁的蹲狮

传入的母题及表现。其中所示种种饰纹，全为希腊的来源，经波斯及犍陀罗而输入者，尤其是回折的卷草，根本为西方花样之主干，而不见于中国周汉各饰纹中。……而此种以三叶草为主的连环纹，则多见于波斯、希腊雕饰。佛教艺术中所最常见的莲瓣，最初无疑根源于希腊水草叶，而又演变而成为莲瓣者。……其他饰纹如璎珞、花绳及束苇等，均为由犍陀罗传入的希腊装饰无疑。但尖齿形之幕沿装饰，则绝非希腊式样，而与波斯锯齿饰或有关系。……以兽形为母题之雕饰，共有龙、凤、金翅鸟、螭首、正面饕餮、狮子，这些除金翅鸟为中印度传入，狮子带着波斯色彩外，其余皆可说是中国本有的式样，而在刻法上略受西域影响的。……见到云冈石刻的雕饰，实不能不惊诧北魏时期由外传入崭新花样的数量及势力！盖在花纹方面，西域所传入的式样，实可谓喧宾夺主，从此成为十数世纪以来，中国雕饰的主要渊源。

第 7 窟　前室三层木阁楼至晚在清代顺治四年（1647）已落成，窟口上方原有“西来第一山”木匾，传为顺治皇帝所题，该窟故有“西来第一佛洞”之称。此处“西来”有双重语意，一是就武州山的地理位置扼平城之西而言，另一是指渊于西方的佛教造像样式西渐东传。外崖与第 8 窟交界处镌有丰碑，碑下雕龟趺。两窟在前室后端侧壁凿有拱顶小洞门相通。

请留意第 7 窟前室东壁，那里尽管徒留一壁斑驳，但从风化模糊的图影中可以看出当初曾分层分栏浮雕八层长卷式本生故事图，按每层七八幅计算，总计 60 余幅，鸿篇巨制，数目惊人，可惜今仅可辨识睒子本生、慕魄太子、昙摩绀闻偈焚身等寥寥几幅题材。

窟门东西两壁雕刻多头多臂阿修罗天，主头像均戴三圆宝冠，冠顶饰仰月，面相丰满，额发分向两侧。侧面二小头皆戴尖帽，浓眉，嘴角髭须上挑。东壁二小头还表现出老少相：老者大眼，张嘴露齿，表情严肃并略显怪异；少者满面笑容，神气十足。内侧多层方柱顶端装饰山花蕉叶，内叶蜷曲，饱满舒展，化生童子跃然其间，这是流行于犍陀罗艺术繁荣期的一种柱头装饰，母体为古希腊科林斯式柱头。窟门顶部西侧有 1 身被舞蹈家称为“倒踢紫金冠”的飞天造型（图 46），衣纹紧密贴身，属印度样式，但线条的刻画却沿袭了汉代画像砖的手法。

明窗两侧壁雕刻圣树与坐禅比丘，连绵起伏的山间，一棵参天大树枝叶弯曲向上伸延，叶片圆阔，满覆明窗顶部。树干一侧，上下两层各一禅定比丘，僧衣罩首，圆脸，双手操于衣内不露，闭目作冥思状。树杈上挂钵囊，座旁置水瓶（图

图 46　第 7 窟窟门顶部飞天

47）。这幅图就像教科书一样为当时的信徒提供了一个标准的坐禅范式。

后室四壁以各式忍冬纹带相间隔分层布龛，异域色彩浓郁。北壁上层大龛雕饰厚实、豪华的弧形帷幔，挽结处雕兽面，一高发髻飞天凌空飞翔，手执莲蕾回望，露足，呈“V”字形的身体尽管略显沉重，但古朴稚拙，反映了

图 47　第 7 窟明窗东、西壁坐禅比丘拓本（水野清一、长广敏雄《云冈石窟》第四卷，日本京都大学人文科学研究所，1952 年）

云冈初期飞天舞姿动态的特点（图 48）。帷幔底部两侧各雕一童子形飞天，留髡发，裸上身，佩璎珞，下穿短裤，两手上举作托扛状，双足踏壁，弓身外挺。

南壁横设长方形帷幕龛，龛内并排半跪 6 身高发髻供养天（图 49），这就是梁思成先生曾经赞誉的“云冈六美人”。她们每三人一组半跪相对，均具圆形头光，梳高发髻，头后有披巾，面容秀丽，风姿绰约。

图 48　第 7 窟后室北壁飞天

窟顶平棊藻井是第 7 窟的经典之作（图 50），这是模仿木构建筑中天花板的一种装饰形式。横长方形的顶部呈棋盘状分为六格，格间雕叠涩结构的天井，井心倒悬一朵大团莲，便是汉代以来“圆渊方井，反植荷蕖”的藻井传承。窟顶共 48 身飞天成双结对，相迭的身体犹如一朵美丽绽放的并蒂莲（图 51），她们乍动乍息、俯仰翻旋，双腿优雅地向后摆，舞姿曼妙，悠然旋转，化入一片莲花世界，

图 49　第 7 窟后室南壁“云冈六美人”

图 50　第 7 窟后室窟顶平棊藻井

图 51　第 7 窟后室窟顶平棊藻井飞天

表现出一派空灵、和悦的天宫景象。

◎不可错过　后室南壁　文殊、维摩诘初相见

维摩诘是古印度毗耶离城的一位居士，他辩才无碍，常常通过各种善巧方便的方式辅助佛陀度化众生，宣扬大乘佛法。有一次他佯装有病，佛派弟子去探望，结果只有“智慧第一”的文殊菩萨敢于前往问疾。二人相见论道，围绕佛土、

众生、慈悲、喜乐、佛道、如来种姓以及不二法门等问题展开探讨，其间穿插了许多义理精深、情节新奇的情节，这就是《维摩诘所说经》故事。此经源于印度，但维摩诘造像概不见于印度，他创自中国。

东晋顾恺之所绘最早的维摩诘像未能传世，现以炳灵寺西秦第169窟建弘元年（420）维摩诘壁画图为最早，但该维摩诘像虽有“清羸示病之容”，却无“隐几忘言之状”，并且是单身像。又隔约半个世纪，维摩诘像再现时，不仅具有居帐、执麈、戴尖顶帽、蓄三角须、坐榻示疾的样式，还以与文殊对称布局形式呈现，这就是云冈第7窟后室南壁的“文殊问疾”造像（图52）。窟门东侧雕“维摩示疾”，他头戴尖顶帽，蓄三角形须，着交领半袖上衣，左手执叶形

图52　第7窟后室南壁“文殊问疾”

麈尾上举，右手扶榻面西而坐，身后有靠背。窟门西侧雕“文殊来问”，华盖下的文殊菩萨，头戴三面宝冠，身体侧倾，面部丰满浑圆，长眉细目，欲笑还收。颈戴项圈，悬铃，右手执莲蕾上举，左手持物叉腰，右腿垂地，左腿盘于方形台座上。由此开创的维摩诘造像新样式、新题材，对北朝诸石窟寺产生了广泛深远的影响。

第8窟　旧称“佛籁洞”。该窟前原有木建筑约毁于辽代，现有建筑为1993年仿第7窟重建。前室西壁最初满铺佛传故事雕刻，与第7窟东壁本生故事图相呼应，今已风化殆尽。

窟门西侧雕鸠摩罗天（图53），五头六臂，颜若童子，丰满圆润，侧面头发波状飘垂，正中发卷由上边两小头侧辫相扭结而踡就。四小头均张嘴露齿而笑，表情怪诞，脸上充溢少年的稚气，头顶正中盘螺发，两侧发梢编辫，具有浓郁的异域风情。主像体魄健硕，腹部微隆，足心相对，开胯盘坐于孔雀上，孔雀衔珠反顾。放射状撑开的手臂，或托举日月，或执弓箭，左下手当胸持斑鸠。鸠摩罗天传为摩醯首罗天之子，也可以说是大梵天的化身。

窟门东侧雕骑神牛的摩醯首罗天（图54），着菩萨装，三头八臂，正面头戴三面宝冠，顶饰仰月，面型浑圆，五官集中，戴耳珰。两侧小头像戴尖顶帽。主臂一手叉腰，一手

图 53　第 8 窟窟门西壁鸠摩罗天

图 54　第 8 窟窟门东壁摩醯首罗天

持葡萄，葡萄虽早于汉代就由伊朗传入我国，但中原最早的葡萄图像实例，正是云冈第8窟此图。其余支臂或托日月，或执弓箭，或提如意。下方一神牛跪卧回首。云冈石窟中多首多臂天神像的造型源于印度、中亚一带，原是婆罗门教信奉的神祇，同时也反映了早期佛教兼容杂密的特征。摩醯首罗天又称“大自在天”，也就是婆罗门教奉为尊神的“湿婆”。

后室壁面雕刻风化严重，精髓在保存尚好的南壁。

南壁窟门两侧竖立一对忍冬束腰大莲花装饰架，高大的粗茎分出两枝，枝头各一团莲，粗茎腰部绑缚花卉，两侧舒放忍冬叶，具有浓郁的西亚波斯风格。旁边有头戴圆顶胡帽的供养人，类似鲜卑族，帽后有垂饰，帽上有宽边箍带，长长的帽筒向后折掖，交领窄袖，造型粗拙淳朴。窟门上方有一组伎乐天（图55），均袒上身，小腹隆起，身体壮硕，姿态刚健有力。这组伎乐天雕刻，发型迥异，表现的是北方不同民族的发式特色。吹横笛乐伎身体呈“V”字形腾空而起，头发全部髡去，只留下前额中央小髻和两耳旁侧的垂辫，此款或为鲜卑发式。击腰鼓乐伎表现为“剃发形”，额头两侧另有一绺长发飘垂及肩。弹琵琶乐伎头发茂密，留发区为三瓣式，中间部分梳成椭圆形，两侧编辫，辫长及肩。方脸，

图 55　第 8 窟后室南壁伎乐天

大耳，隆腹，左腿屈回，右腿向后倒踢，横抱琵琶，短颈曲项，长梨形大音箱。吹竖笛乐伎发式最为特殊，前额刘海呈“几”字形蜷曲，与两侧辫发几乎连成一排，右侧发辫垂肩后又拱起缠绕。

与第 7 窟一样，南壁窟门、明窗之间横设长方形帷幕大

图 56　第 8 窟后室南壁供养天

龛，内有 6 身供养天（图 56），均具圆形头光，发梳高髻，弧形长眉，细目垂视，嘴角含笑，笑容中蕴含着内在生命的活力。他们戴耳珰，佩项圈，臂腕佩钏镯，袒上身，或斜披络腋，或用阴线刻出交叉状的细条，双手或捧物，或低垂；下穿大裙，或半跪，或两腿交叉坐，或开胯盘坐，造型挺拔劲健，气度挺秀，是云冈中期洞窟供养天雕刻的珍品（图 57）。

图 57　第 8 窟后室南壁供养天特写

窟顶平棊一横二纵大梁分为六格，梁面搭交处均饰一朵盛开的莲花，一对对飞天乘风飞舞。格内叠涩天井雕团莲，成对的飞天或捧博山炉，或持莲蕾，或合掌，或舒臂，络绎联翩，如风如鸿，围绕莲花游荡回翔。整个窟顶就像坠入一个飞翔的梦境，动与静、疾与缓、粗犷与轻盈，相应谐妙，映照生辉。

◎不可错过　明窗西侧　立菩萨永恒的微笑

要想看到她，着实不易。

就在南壁明窗西侧距地面约 11 米高的地方，她静静地站于束帛座上（图 58），双手合掌，斜披络腋，帔帛搭腕飘垂。右脚微跪，下穿长裙，裙薄贴体。她头戴三面宝冠，正面圆盘上方雕仰月，月牙上另托日轮。她面庞丰润，长眉细目，嘴角上翘含笑，8 颗玉齿贝联珠贯。最令人不可思议的是：她的脸颊上居然嵌有一对深深的酒窝（图 59），流露出女性特有的温婉与娇美。

她粲然一笑，如花般烂漫，温润了冷肃的窟壁、沉寂的山；她以傲视独立优雅的姿态静静地站在那里，不张亦不扬；她以神秘庄严的笑绽放 1500 年的芳华，不凋亦未谢。

其实，云冈石窟中含笑露齿的造像还有许多，他们中有

图 58　第 8 窟后室南壁露齿带酒窝菩萨

图 59 第 8 窟后室南壁露齿带酒窝菩萨局部

弟子，有供养比丘，还有伎乐天等。虽然目前在云冈没有发现第二例笑出酒窝的雕像，但由近年来北魏平城佛寺考古发掘中出土的泥塑菩萨像来看，刻意在菩萨双颊雕出酒窝，是流行于当时社会的审美时尚。

他们在笑什么呢?

佛的笑，菩萨的笑，供养人的笑……笑的内涵并不一样，但终究要归结于五胡十六国大动荡后社会的须臾安宁、北魏平城时代的强盛、民族的自信以及佛教向信众所展示的亲和与美好。而对于这位美丽的菩萨而言，还意味着闻法后不可言状的愉悦。

第 9、10 窟：绚烂巧丽，改梵为华

第 9 ~ 13 窟因后世施泥彩绘而古色斑斓，俗称“五华洞”。

第 9、10 窟是一组前后室结构，具有汉式殿堂布局形式的双窟（图 60），外崖壁曾雕凿有仿木构建筑，也是两窟共用一前庭的结构形式，最外端分别矗立一座夺目的石雕大塔，塔基座至今可见。从窟前地面上遗存的几排柱础基槽分析，第 9、10 窟前有不同时代的木构建筑，至少在辽代以前，曾建有一座面阔 7 间的建筑；辽代又重建面阔 5

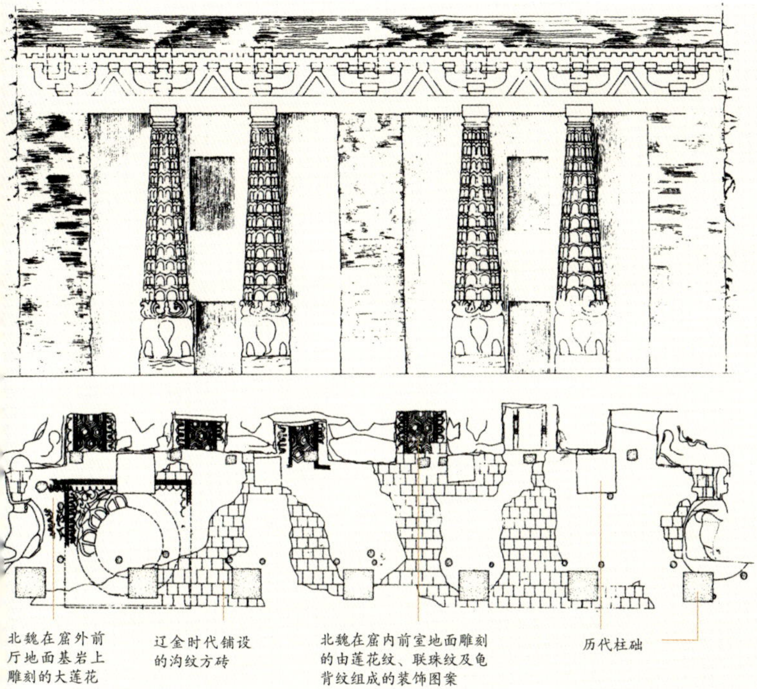

图 60　第 9、10 窟窟前建筑复原图（《中国石窟　云冈石窟》，文物出版社，1994 年）

间的木构建筑。目前窟前延至第 13 窟的整座木构窟檐，新建于 2014 年。

作为双窟，第 9、10 窟保持了结构与布局的一致性和对称性，两窟窟门均列楹柱，面阔 3 间，柱身雕饰千佛，柱体渐上渐细，柱头刻大斗仰莲，廊柱由大象、狮子承驮。这种样式是在继承汉魏以来中国传统殿堂式建筑“金楹齐列，玉舄承跋”的基础上，兼备了古印度与希腊、罗马外来建筑形式而创造的新体例。

窟内四壁分层布龛，两窟前室有类似第 7、8 窟那样的小洞门相通。后室北壁另有诵经道。

第 9 窟　北壁窟门突出表现具有中国建筑特色的仿木构屋顶，垂脊相间雕刻金翅鸟、三角形火焰纹及鸱尾，瓦垅齐整，檐下一斗三升式斗栱与“人”字式栱相间排列。门楣高浮雕五个莲华门簪，底衬套圭环形忍冬纹，其间点缀化生童子，盘腿开胯，手舞足蹈。两侧盝形龛菱形柱满饰忍冬纹，形体修长、端丽，柱头上装饰一对向下的涡卷，代表女性婀娜、柔美的体态，高贵的气质表现出古希腊爱奥尼柱式的特点（图 61）。

窟门顶部雕 4 身胡貌飞天（图 62），他们脸型方宽，眼眶深凹，眼珠圆凸，蜷曲的头发向后倒梳，袒上身，下穿短裤，赤足，身体健硕，气势勇猛，他们相共围绕摩尼宝珠，珠光闪烁若焰。摩尼珠又叫如意珠，按佛经讲，此珠有求必应，如人所愿，还能消灾去难。

明窗两侧沿缘各雕一梵志，西侧鹿头梵志头束高髻，眉头蜷曲，眼窝深陷，山羊胡，目光深邃。露齿，袒上身，肩搭一条细披巾，也掩不住骨瘦如柴、胸肋毕现的躯体。他半

图 61　第 9 窟前室北壁窟门

图 62　第 9 窟窟门顶部飞天

跏趺坐于束帛座上，精神矍铄，左手扬起，伸食指作说话状；右手把住一骷髅头，骷髅眼眶、牙齿俱见。鹿头梵志明于星宿，又兼医术，能治疗众病，还能通过观察骷髅头知晓人死因缘。他曾为外道，本不信佛教，后出家学道，修得阿罗汉。东侧执雀的梵志一般被认为是外道人物婆薮仙，是护持佛法的善神。他的体貌与鹿头梵志大致相同，惟左掌托鸟，右手举起搭额前。

明窗两侧各有一座5层直檐方塔，以锯齿纹带相隔，每层各有一对体格健硕的舞者，他们叉腰出胯扭身，姿态劲健古拙，弯曲的肢体略含僵意，透示出强烈的生命意蕴，具有北方少数民族特色。鲜卑人崇尚武力，其歌舞内容多言武事，这组舞蹈雕刻即反映了拓跋鲜卑尚武的情怀（图63）。

北壁最上层横设天宫伎乐列龛，龛前设置汉风浓郁的勾栏，所谓“色楯连延，则天皇弥勒之宫”。

第9窟前室下层环西、北、东三壁，浮雕长卷式“睒子本生”故事图。本生故事，是讲佛陀前世为人、为动物时，经过无数次轮回转生，忍辱牺牲、累世修行的事迹。轮回观念，在佛教产生之前就已流行于古印度，并为当时大多数的哲学派别所接受。佛教通过吸收婆罗门教的因果报应观念，创立了自己的轮回学说。佛陀生前说法时，经常会征引一些

图 63　第 9 窟前室北壁窗口的鹿头梵志、婆娑仙以及两侧方塔上的舞伎

古印度家喻户晓的故事来阐释教义。他入灭后，弟子们给这些故事加上头尾，并在故事结尾说明故事中的某人、某仙或某动物正是佛的前身，以此作为佛在娑婆世界中轮回转生的经历而传颂。

“睒子本生”故事出自印度史诗《罗摩衍那》，三国孙吴时，随《六度集经》传入我国，与春秋时期《左传》中的

“郯国”相附会，于唐高宗总章元年（668）被释道世以“郯子鹿乳奉亲”的故事编入《法苑珠林》孝行部，睒子从此进入我国二十四孝之列。

第9窟故事图从西壁菩萨投生盲父母家开篇，经北壁一直延转至东壁，现虽仅存6幅，但故事的整体框架与基本内容都已清楚。

1. 施济穷人

据佛经讲，很久以前，有一菩萨名叫“一切妙”，仁慈惠施，救济群生，扶危救苦。他以天眼观察到迦夷国有一对老夫妻双目皆盲，膝下无子，两人不惧堕沟入坑与毒虫伤害，仍发愿入山修行，求得无上智慧。一切妙菩萨寿尽后下生盲父母家为子，取名睒子。两位老人投心于抚育孩子，入山修行的誓愿似乎淡忘了。睒子10岁那年，劝说父母不要因为自己的降世放弃以前立誓入山求志的愿望。画面中，盲父母前后并坐于重层楼阁间，一飞天凌空而下投胎。阁外，睒子正将家中的物品施与穷人，准备随父母入山修行（图64）。

2. 入山修道

入山后，睒子用蒲草为父母搭建了草屋，不寒不热，四季皆宜。他们生活的地方，果树丰茂，果实香甜可口，溪水潺潺，飞鸟翔集，鸣声如歌。庐外，睒子肩负双亲行走。也有学者认为，

图 64　第 9 窟前室西壁睒子本生故事图之“施济穷人”

这是表现“天神山神皆作人形”侍奉盲父母的情景。

画面中，山峦间有二草庐，盲父母各居其内。

3. 与兽和处

睒子一家的品行感化了狮子、老虎、狗熊、恶狼以及毒蛇等，它们变得异常仁慈，与睒子一家人和谐相处、互不伤害。

画面中，盲父母并坐一间草庐内，睒子在外面胡跪合掌礼敬父母，庐外有各种动物围绕。

4. 误射睒子

一天，睒子身披鹿皮衣提瓶到溪边取水。这时，迦夷国国王入山射猎，远见水边有麋鹿，引弓射箭，误中睒子。

图 65　第 9 窟前室北壁睒子本生故事图之“误射睒子”

画面转至北壁。山峦丛林间，国王骑马射箭，四骑从伴随。溪边，睒子左胸中箭半踞（图 65）。

5. 国王忏悔

睒子死了。霎时，山风骤起，吹折树腰，百鸟哀鸣，狮熊走兽放声悲号，呼动山岳，日月无光，流泉枯竭，百花枯萎，雷动天地。大自然的瞬息万变让盲父母异常警觉并感到担忧，他们坐卧不安，仿佛有某种感应。国王找到盲父母草庐前，向他们讲述刚才发生的不幸，盲父母举身自扑，仰天哭号。国王表示愿意放弃王位，替代睒子终生侍奉供养盲父母。

画面以榜题为界，一侧是草庐内盲父母挥舞双臂哭天喊地，另一侧是低首合掌胡跪的国王与骑从，国王高发髻，具头光，身后二侍者头戴鲜卑帽，绳牵三匹马，合掌躬腰。

6. 往见睒尸

盲父母来到睒子尸体旁边告别。两位老人仰天彻诉失子之痛，盲母一边舔舐睒子的胸疮，一边哭喊说："诸天、龙神、山神、树神、水神啊，睒子仁慈至孝你们都知道啊，他怎么会死了呢？愿毒入我口中代儿死吧！诸神啊，你既然知道睒子至诚至孝，箭当拔，毒当除，睒子当复生啊！"忉利天宫的神座一震，帝释天俯首一看，原是两个盲眼的修道人在哀悼儿子，便于虚空中抛下神药，由百鸟衔入睒子口中，睒子体内的箭镞顿时从伤口中弹出，睒子一下子坐起，复活如故。盲父母忽闻儿子死而复生，热泪夺眶，两人双眼一亮，全都复明！风停云开，泉涌鸟鸣，池中莲五色，旃檀树泛香。国王喜不自胜，献出所有的财宝供养修行人，并通告全国，自此以后，国土之上，禁止狩猎。

画面中，国王牵引盲父母往见睒尸，山岳由榜题下端延伸到睒子被射死的地方，画面始终保持着通畅、流动的韵律。对于睒子之死，雕刻匠师并没有处理成尸体横陈的场景，而是雕一立像，具圆形头光，帔帛绕臂，身姿姣好，颇具美感。

拓跋鲜卑出自朔漠，不拘礼仪，一些风俗习惯与汉人相抵。文明皇太后冯氏听政后，倡导汉化，规范“父慈、子孝、兄友、弟顺”“三千之罪，莫大于不孝”的道德观，尊崇“孝道”之风弥漫朝野。第 9 窟前室在显赫的位置雕刻睒子本生故事题材，一方面附会当时社会风尚，另一方面，潜藏着功德主将孝文、文明太后“二圣”隐喻为再生父母的忠君孝道思想。从艺术角度来看，睒子本生故事图在画面设计上采用了汉魏卷轴画“左图右史”的形式，每幅画面中的关键人物旁边都留有题刻榜题的短册（图 66）。画面中始见山水、树木、鸟兽等风景，山岳一面仞立，山峰呈驼峰状，采用人大于山、树大于山的人物比例处理关系，这些都体现了魏晋以来早期山水画的特点。

前室窟顶呈长方形，纵横交错的支架将顶部划分为 8 格，格内雕团莲、飞天及夜叉。南北纵枋上高浮雕 8 身体格庞大健硕的“逆发形”夜叉，粗眉大眼，鼻翼宽大，耳佩大圆环，脚踏窟壁，单手承托窟顶横枋，具有力举万钧的气势（图 67），这是犍陀罗佛教艺术中的变体艺术造型在中国古代仿木结构建筑的实际应用。纵横枋搭交处各雕一朵重瓣莲花，剔地起凸，莲房几近圆雕。

前室东侧立玄武岩“重修云冈石佛寺”石碑一通，由大

图 66　北魏司马金龙墓漆屏风画中的榜题

图 67　第 9 窟前室窟顶夜叉

同子温、历时中撰并书，皇城街长盛石铺镌，民国九年二月二十六日（1920）刊立。

后室主像倚坐佛高约9.8米，虽经后世包泥彩绘，由胸部剥落的泥皮可窥见北魏原雕。佛像头顶上方雕刻弧形华盖，华盖内面可见数身飞天形象，各持华绳，翩翩起舞。东、西壁胁侍立菩萨均被后世敷泥覆盖，身体比例失调，臃肿掣短，仅西胁侍菩萨头冠及部分背光显露出北魏原雕。

第9、10窟后室南壁全部雕刻因缘故事，题材内容基本出典于昙曜与吉迦夜共译的《杂宝藏经》，构图豪奢，形式侈丽，终北朝之世无有超越。因缘，也叫“缘起”，泛指一切事物生灭所依赖的原因和条件。因缘故事是记述菩萨、比丘以及其他天众亲闻佛法、亲受教化的事迹，讲求的是果报，多以人物为主。

第9窟可辨识须达长者妇供养佛获报缘、鬼子母失子缘（图68）、兄弟二人出家缘、八天次第问法缘、天女本以莲花散佛化成华盖缘（图69）、尼乾子投火缘等故事图。以窟门西侧的“鬼子母失子缘”故事图最负盛名，屋形帷幕龛内，鬼子母夫妇半跏趺坐于束帛座上，二人头发蜷曲，鬼子母膝上置一小儿。龛的另一半折向西壁，龛内一交脚菩萨，右侧有一比丘拱手倚坐于束帛座上。

图 68　第 9 窟后室南壁“鬼子母失子缘”故事图

图 69　第 9 窟后室南壁“天女本以莲花散佛化成华盖缘”故事图

鬼子母，是老鬼神王般阇迦的妻子。据佛经讲，鬼子母养育了10000个孩子，对自己的孩子百般疼爱，但其本人凶妖暴虐，专门偷食世人的小孩，深受其害的百姓纷纷向佛陀倾诉失子之痛。佛陀自然有对付鬼子母的好办法，他让阿难悄悄抱走她最小、最心爱的孩子嫔伽罗，然后扣在钵里。鬼子母寻子不见，心急如焚，听说佛陀参透玄机，无所不晓，便向佛求救。

佛陀问："你的小孩是怎么丢失的？"鬼子母说："我不在家时让人偷走了。"又问："那你当时在哪儿？正在干什么？"鬼子母一时语塞，因为那时自己正偷食别人的孩子，这是当然的果报。在佛陀的教化下，鬼子母开始忏悔自己的罪业。佛陀将嫔伽罗还给她，说："从今以后，你不可乱杀生、乱饮食，你要好好受持戒法，莫要毁犯。过去你曾是羯腻王的第七个女儿，平生做了很多功德，但因没有持戒，所以才沦为鬼道的。"后来，鬼子母接受了佛的教诲，受持三皈五戒，成为佛弟子。

◎不可错过　前室西壁　云冈最小佛像

我们已经见惯云冈石窟佛像之高大之壮美，但也别错过此处云冈最小的佛像雕刻。第9窟前室西壁第2层佛龛北端，有 3 个竖列的小佛龛，最上层的圆拱龛楣内有 5 个禅定坐佛，其中两侧的禅定佛就是云冈最小佛像，高 2 厘米（图 70）。

◎不可错过　前室西壁　托莲飞天

佛经中本无“飞天”一说，而称“夜叉”，浮掠于空的叫“飞行夜叉”，活动在地面上的叫“地夜叉”，还有翱翔于天宫演奏乐器的乐神乾达婆、表演舞蹈的舞神紧那罗，乾达婆与紧那罗都是佛经中天龙八部护法之一。“飞天”一词，最早出自杨衒之的《洛阳伽蓝记》。云冈目前尚存飞天雕刻 2400 余身，有徒手，有持道具；有独舞，有双人舞；有体格剽悍、充满阳刚之气，表现北方少数民族的男性健舞；也有身材娇小、体态柔美，表现汉族的女性软舞。云冈早期飞天袒上身，斜披络腋，大裙贴腿、赤足。进入中期后，承前期朴拙飞舞的余绪，又兼杂汉化新意，样式颇丰，有露足的、有不露足的；有袒上身的、有穿短衫的；有迅驰的、有疾落的；逮至晚期，多梳高发髻，脸型清秀，上身着短衫，大裙曳地，裙尾卷起如翼，完全不露足，飘逸灵动。第 9 窟前室西壁上端的这身胡貌飞天（图 71），头发编辫向后倒梳，头稍低，嘴角含笑，挺胸、塌腰，微拧身，双臂上举，两手托莲，左

图 70　第 9 窟前室西壁最小佛像

图 71　第 9 窟前室西壁托莲飞天

腿屈回，天带绕臂翻卷，神采飞扬，姿态性极强，是云冈石窟飞天造型的代表之一。

第 10 窟　曾名“毗卢佛洞”“持钵佛洞”。前室北壁窟门装饰纹样类似第 9 窟，横额上方高浮雕五枚莲花门簪，不同的是在环形忍冬纹底衬中浅浮雕交颈缠尾的双龙，一化生童子居中起舞，当受染于汉代云龙纹传统样式，亦受

图 72　第 10 窟前室北壁须弥山

中亚“一人双兽”母题的沾濡。两侧门框立柱内雕饰波状缠枝忍冬纹与环形忍冬纹，其间也浅浮雕“一人双兽”的图案，繁缛巧致。门框斜面刻缠枝忍冬纹，内饰花蕊与童子，姿态各异。

窟门与明窗之间，横亘宽约 5.3 米的须弥山（图 72），重峦叠嶂，绵延起伏。二龙交缠山腰，使山体形成上宽下窄的束腰形。高低错落的山间，有树木，有飞禽，还有竞奔的鹿、猪、狐、羊、虎、狼、兔等动物，动静相宜，妙趣横生。山体两端分别雕刻单腿盘坐、多头多臂的阿修罗天。须弥山是印度神话中的山名，后被佛教采用，代表印度佛教的宇宙观，但在印度并没有出现须弥山的造型。据佛经记载，须弥山高 84000 由旬（约合 110 万公里），是世界的中心。山顶有座城叫忉利天宫，日月环绕，帝释天便居其中。山下是地狱。须弥山旁的大海底有四大阿修罗王，他们凶恶好战，在与帝释天的交战中，暂取日月做耳珰，后来皈依佛门，被列为佛教八部护法之一。帝释天统领须弥山周围的四方诸天，合起来共为 33 天，帝释天是天主。

窟门东西两侧各一金刚力士，头戴鸟羽冠，手持金刚杵，表情和善。顶部，4 身高发髻飞天共拥一座雕镂精美的博山炉（图 73），炉盖上，山岳重叠层接，下有仰莲承盘，炉身两侧雕出 S 形手柄。上层一飞天右手欲掀炉盖，左手持方形香木。

前室北壁下层雕刻长卷式佛经故事图，但与第 9 窟“睒子本生”连续故事图不同，此处的每一幅都是一个独立的故事，并且“一图多景”，一幅画面中有多个故事情节。如窟门西侧的“须摩提女请佛缘”（图 74），表现了三个情节：

图 73　第 10 窟窟门顶部飞天

图 74　第 10 窟前室北壁“须摩提女请佛缘”故事图

①画面左半部上角，一菩萨骑金翅鸟，一菩萨驭虎舆，另有一人乘象迅奔，所有骑乘人物均具头光，他们是乘骑赴会的佛弟子。②画面右半依稀可辨一楼阁，阁顶上有雕刻物，内容不明。可能表现的是须摩提女登上高楼请佛的情节。③画面中央部分——全图核心，一佛倚坐，具舟形背光，台座后跪一人，双手合掌，佛似以右手抚其头顶。佛前方胡跪一比丘，具头光，左手叉腰，右手搭左肩行礼。此比丘身后又有2身高发髻天人，均具圆形头光，合掌胡跪。

故事讲，舍卫国王舍城的阿那邠池长者有一女儿名叫须摩提，美貌娇艳，从小笃信佛教。另有一座城叫“满富”，城中的满才长者信奉外道，他的儿子欲娶须摩提女为妻。婚礼那天，满富城热闹非凡，按照该国规定，须摩提女必须要礼拜供养六千梵志。向外道行礼，对信仰佛教的须摩提女来说是不能接受的，现场因此发生了争执。须摩提女登上高楼，以香油涂身，遥请佛陀来救场。佛与诸弟子各显神通，前往赴请。沙弥均头化作五百华树，人在其上，御风飞来。满财遥见一人结跏趺坐于五百华树上腾空而来，问须摩提女：“这是你尊师？”须摩提女摇摇头，说：“不，这是舍利弗最小的弟子均头。”罗云化作五百金翅鸟，极为勇猛，人在其上，御风飞来。满财问须摩提女：“这是你尊师？”须摩提女摇摇头，说：“不，这是佛子罗云。”离越化作五百虎，人在其上，御风飞来。满财问须摩提女：“这是你尊师？”须摩提女摇摇头，说：“不，这是佛弟子离越。”须菩提化作五百象王，皆有六牙，他身放大光明，骑乘象王御风飞来。满财问须摩提女：“这是你尊师？”须摩提女摇摇头，说：“不，这是佛弟子须菩提。”

……

这时，佛陀观察众生心至，便身披法衣腾虚升空，光色金艳，阿若车邻化作月天子侍左侧，舍利弗化作日天子侍右侧，其他天神现百千万种神变，佛陀也现神变百千万种，扬烟走炎、飞沙腾浪，或化雷公焰电，或化飞霜起雹。一时间，天地倾转，百流西倾。须摩提女告诉满财：“这是我的尊师，他来了！”接着长跪地上，叉手礼佛。满财长者及八万四千人民等，诸尘垢尽，得法眼净，最后皆归三尊，受持五戒。

前室西壁下层风化严重；中层并列两龛；上层屋形龛三间式，八角形龛柱，柱身雕饰环形忍冬纹及绳纹。当心间一交脚菩萨，头戴三面宝冠，俯首垂视，身躯端直雄健，神情恬静慈和。次间各一半跏坐思惟菩萨，一手抚腿，一手上举胸前支腮，身旁的阎浮树，枝茂叶繁。

前室东壁下层延续北壁长卷式故事图，可辨识儒童本生与天女燃灯供养因缘故事。中层并列二龛，其中右龛华盖下雕一立佛，面相丰润，双臂早年断失，脚下伏跪一童子像。佛像着袒右肩袈裟，衣纹细密贴身，写实如“曹衣出水”。上层屋形龛由四座多层方形塔柱界为三间，塔层间雕舞者。当心间内的交脚佛，面相丰满，着袒右肩袈裟，方形台座前各蹲立一狮。次间各一执水瓶的立菩萨。

后室北壁主像原雕已风化无存，根据残迹推断，最初为交脚菩萨造像。现在所看到的坐佛像为近年新塑。

后室东、西壁二胁侍菩萨，经后世施泥彩绘，胸前佩饰与臂腕钏镯，均模仿北魏而作。西胁侍菩萨倚坐；东胁侍菩萨半跏趺坐，头戴宝冠，菩萨左手抚腿，右手手指支颐。

后室南壁分层雕刻因缘故事图。窟门门楣雕 5 枚莲花门簪，每一莲中都涌现一持华绳化生童子，整个门框被各种样式不同的缠枝忍冬纹所覆，纹饰中浅浮雕奇禽怪兽，穷诸灵异，还有童子形舞者形象，他们盘腿开胯，或推掌，或压腕，姿态浑朴古拙。

◎不可错过　前室东壁　儒童本生故事图

“儒童本生”，也称“燃灯佛授记”或“定光佛授记”，故事发生在那揭国城，即今阿富汗贾拉拉巴德。云冈目前仍留存16幅儒童本生故事图，其中，以第10窟中的这一幅最具代表性，其画面构图与中亚图式关系密切。

故事讲：有一天，儒童来到那揭国城，沿途看到很多人满心欢喜地忙碌着，不是清扫街道，就是平整路面，便上前问："大家都这么高兴地干活，是要过什么节日吗？"行人用异样的目光打量着他，反问："你不知道？定光佛就要来这里教化众生，我们在准备迎接他啊！"儒童一听，心中无限欢喜，向采花女买了5枝莲花准备献佛。不时佛至，儒童将莲花抛空，花瓣纷落佛身，见地有淤泥，他又披布头发，让佛足蹈而过。定光佛遂为他摩顶授记："后九十一劫，你将成佛，于娑婆世界中拯济众生。"

这幅故事图用榜题短册将画面自然划分成四个区域（图75）：①瓦顶建筑内，采花女左手持莲，右手扶门框。门外，儒童来请花。②儒童持一茎五莲，面佛而立，准备献花。③建筑脊顶上方雕一圆盘，内有一天人合掌胡跪。表现儒童"踊在虚空，去地七仞"。④华盖下一立佛，具舟形背光，左臂下垂，右手当胸，左脚旁，儒童合掌长跪，头发散布佛足下。佛身后，二比丘合掌礼敬，梳逆发。夜叉身体壮硕，一手执拂子，一手叉腰耸胯。

图 75　第 10 窟前室东壁“儒童本生”故事图

由大英博物馆现藏的一件犍陀罗“儒童本生”图（图76）看，此图明显吸收了犍陀罗雕刻画面的总体结构和故事情节的设计，特别是儒童腾空后在圆盘状物内合掌胡跪的样式。同时，也以传统的短册榜题形式，自然有序地将画面分成几个版块，使故事内容发展进程条理清晰，犍陀罗雕刻中的城门建筑改换成中国传统瓦顶殿阁，佛像身后持剑的金刚改为手持拂尘的护法者，反映出古人在吸收并改造外来佛像样式上的创新思想。

图 76　大英博物馆藏犍陀罗“儒童本生”故事图

第 11 窟：滴血的莲花

讲第 11 窟，要换一种方式，因为它背后的故事与洞窟一样迷人。

第 11 窟旧称“四面佛洞”“接引佛洞”，它与第 12、13 窟为一组洞窟，连同毗邻的第 13-4 窟，是同一时间按统一计划斩山辟出的一个区域（图 77），如此浩大的工程当然不是普通人所能为之。这组洞窟有两大特点：一是洞窟形制迥异，第 11 窟为塔庙窟，第 12 窟为佛殿窟，第 13 窟为

图 77　第 11 ~ 13-4 窟外景

大像窟，第13–4窟的高度与进深都很特别，曾被疑为涅槃窟，这种洞窟形制上发生的变化，与献文帝“革兴造石窟寺”有关；另一是除了第12窟基本按计划完工，其余不是中途辍工就是终未完工。从献文帝时开始，以皇室显贵为主体的造像集团迅速崛起，在云冈为国祈福镌窟渐成风气，这组洞窟就具有这样的开凿时代背景。

第11窟一门一窗，平顶，进深约10米，宽约11米，高达13米。窟内方塔居中，这是对现实中塔的模仿与象征，当时平城之境，佛塔高凌，佛刹相望，壮观巧妙。第11窟是云冈最先采用中心塔柱设计方案的洞窟，表明该窟功德主的身份与地位非同寻常。不过，该窟最初只完成了中心塔柱的基本样貌就停工了，直到今天，那朴素简约的柱形，依然散发着停工前的气息（图78）。这种样式的中心塔柱，既不见于凉州，在云冈也属唯一。

那么，第11窟最初的工程究竟起于何时呢？我们只能依据窟内现存的太和七年（483）造像龛题记用倒推的方法去估算。该窟东壁上端的太和七年造像记，是云冈石窟现存时间最早、文字最多的题记，全文共337字。造像题记有什么作用呢？出资造像的人叫功德主或发愿人，他们通常会嘱托工匠在雕像即将完成时另外刻上一段发愿文，说明发愿的

图 78　第 11 窟中心塔柱

时间、原委和愿求。石窟中的造像题记就是一把丈量时光的标尺，后人凭借它可以拼合过往的碎片，还原洞窟开凿过程中的那些故事。幸好有它们，有它们，便有故事。

大致第 11 窟最初的建窟时间是在太和初年，太和七年是该窟二次复工的时间，该窟的补凿工程至太和十三年基本完成，个别龛像、窟门及明窗两侧壁的施工一直延续到太和十九年。北魏太和初年，社会繁荣稳定，佛教生机蓬勃，开窟经费无忧，第 11 窟为什么会停工呢？只有一种可能：与某种政治突发事件有关。如果不是背后有一种神秘力量掌握着生死牌，这组洞窟的结局何以如此不堪？

和平六年（465）五月十一日，年仅 26 岁的文成帝染病崩于平城太华殿，12 岁的皇太子拓跋弘即位，称献文帝，庙号显祖。25 岁的皇后冯氏被尊为皇太后。平定了车骑大将军乙浑谋反之乱后，冯太后以稳定政局为由掌握朝权，第一次临朝听政。冯太后一生没有生子，拓跋弘是文成帝与李贵人所生，弘被立为皇太子后，母亲李贵人依“子贵母死”之规被赐死，弘由毫无血缘关系的冯氏抚养。冯太后临朝听政 18 个月后，为避干预朝政之嫌，将皇权归还给献文帝。但这不是结束，真正的较量才刚刚开始。以献文帝为代表的帝党和以太后冯氏为代表的后党之间，为争夺北魏最高统治权展开争斗的种子已经埋下。

皇兴元年（467）八月，献文帝的长子拓跋宏出生了。天下如棋，一步三算，在冯太后的眼里，这是一件非常开心的事。当天，她隆重宣布从此不听政事，一心抚养皇孙。但是，冯氏是甘心皇权旁落的人吗？如此风轻云淡，谁也不知这背后蕴积着怎样凶猛的风暴。

献文帝当然明了冯氏一直都在觊觎皇权，哪会善罢甘休，所以他亲政不久就开始壮大自己的政治势力，强化帝党羽翼。两年过去了，在他的一番精心调整、部署下，一些军事重镇、核心部门的要职都安插好了自己的心腹统领。凡冯太后信任重用的大臣，他多以排斥；对自己母族、妻族一系的外戚人员加官晋爵，提拔关照，誓欲摆脱冯太后的钳制。献文帝实力壮大之快让冯太后倒吸了一口凉气，这是她没有想到的。皇兴三年（469）六月，拓跋宏被立为太子，成为储君。冯太后正式对献文帝出手，她要依制赐死太子的母亲李夫人，尽管献文帝竭力反对，但无济于事。为什么一定要赐死李夫人呢？原因就在小太子拓跋宏身上。日后，谁得小太子，谁就得天下。献文帝年幼时未能保护被赐死的母亲，现在君临天下了，依然保不住自己心爱的女人。他内心对冯太后的排斥由最初的对抗上升为仇恨。

皇兴四年（470）发生的一件事，让献文帝和冯太后之间的矛盾走向公开化，并最终酿成一场宫闱之变。事情的起因是冯太后养有内宠李弈，朝野上下议论纷纷。献文帝命人列举李弈数罪，后下诏将其诛杀，李弈之兄李敷及其在朝为官的从弟、次子、妹夫等姻亲也一同被杀戮。

复仇了！献文帝吐出一口恶气。

冯太后对此事是怎样的态度呢？史书中只用了冷冷 5 个字：太后不得意。

冯太后专横跋扈、任性妄为，平素根本不允他人议论她的过失。李弈被杀后，冯太后启用了更多面首，这就是她对大臣们的回应。美男子王叡出入太后卧室，后来官至宰辅。李冲受宠于太后，得到珍玩缯彩不可胜数。当然，说这话的时候，献文帝早已不在人世了。皇兴五年（471）八月，迫于太后的压力，献文帝召集群僚，宣布禅位。按常理，他应禅位给已被立为储君的儿子拓跋宏，但年幼的儿子早已被太后操控，他想让皇叔京兆王拓跋子推来继任。子推是文成帝的二弟，与冯太后平辈，可以制衡太后的权势。但此计轻易就被冯太后破除，19 天后，委曲求全的献文帝在太华殿宣布退位，被仰尊为太上皇，4 岁的儿子拓跋宏登基称帝，即孝文帝。退位后的献文帝依然励精图治、总揽机要，并以皇帝的名义多次发布诏令，整顿吏治。他还亲自挂帅南征北战，攻打刘宋，讨伐柔然。另一方面，他移居鹿野苑崇光宫，指派工匠开凿石窟，礼佛修行。岂不知他现在所有的功绩对冯太后而言，都如芒在背、如鲠在喉。

延兴五年（475）冬十月，献文帝在平城北郊大阅兵，这个举动让冯太后痛下最后狠心。承明元年（476）六月，年仅23岁的太上皇暴崩于永安殿。

献文帝之死是北魏史上的一大公案。魏收在《魏书》中讲这件事时，也是借他人之口说事："时言太后为之。"献文帝死后，35岁的冯太后以太皇太后的身份第二次临朝听政，直至她太和十四年（490）命终。

那么，北魏政坛发生的这场宫闱之变，对云冈石窟有何影响呢？每一个朝代、每一次政权的更替，伴随而来的不是杀戮就是奖掖。冯氏听政后，实行宽宥与镇压相结合的政策，一些曾经党附皇帝的皇戚重臣多遭剪除、诛杀。据《魏书》记载：承明元年（476），亲帝党中主要人物万安国，深得亲宠，矫诏杀人，孝文帝大怒，遂赐安国死，年23岁。我们不知道时年9岁的孝文帝，何来"大怒"。拓跋子推，太和元年死于赴任青州刺史的途中。李䜣，太和元年二月，以外叛罪伏诛，他的两个儿子也同时被杀。史载冯太后有智略，能行大事，生杀赏罚，俄顷决断。在打击帝党余势上，干净彻底，毫不手软。南郡王李惠，娶襄城王韩颓女儿为妻，后生育二女，其中之一就是献文帝的思皇后。也就是说，李惠本为献文帝的岳父、孝文帝的外祖父。但是，太后对他素来忌恨，诬称他南叛，于太和二年（478）十二月诛杀李惠，并将李惠的儿子及弟弟也一同杀戮，收缴全部家财。李惠尚且遭遇如此，其他人就可想而知了。难怪朝野人士窃议孝文帝过厚冯氏而疏待李氏，舅家人非但不沾恩泽，连性命都难保全。太和十二年（488），孝文帝想弥补亏欠，给予舅家幸存的后人升官晋爵的机会，舅家人深恐再罹孥戮，竟无一愿意接受，可见这场残酷的政治事件对李氏家族伤害之深。

第 11 ～ 13-4 窟既然是献文帝时镌建的一组洞窟，功德主自当是献文帝政治集团。当初发愿开凿第 11 窟的功德主很可能因卷入这场政治事件中被诛杀，洞窟自然不会继续开凿下去。甚至，第 11 窟可能因功德主涉嫌政治事件一度成为禁地，无人敢涉足。

第 11 窟最初的功德主是谁？历史文献以及石窟本身都没有留下任何可寻线索，只能推测，他们可能是万安国、拓跋子推，也可能是李䜣、李惠、韩颓。子推是景穆皇帝的第十三子，献文帝的叔父，若非大臣全力阻拦，险些继承皇位；

李䜣，素有军功，受宠于显祖，参决军国大事，权倾内外；南郡王李惠，作为思皇后之父，屡有政绩……他们都具有营建像第11窟这等规制洞窟的地位与实力。

第11窟续凿工程被允，盖与孝文帝太和六年（482）三月与太和七年五月巡幸武州山石窟寺有关。

了解了以上历史故事，我们现在再回过来看第11窟，有些现象就能理解了。中心塔柱以北地面未取岩石部分高出塔柱以南地平面近0.8米，窟内地面最低点，高出毗邻的第10窟地平面近1米之多，拱门仅高3米，这些都是地面降层工序未完所致。窟内方塔居中，塔柱呈梯形，直抵窟顶，上、下两层，四面开龛造像，下层四面均一立佛，仅南面立佛另配置二胁侍菩萨，疑为辽代补凿。左胁侍头戴冠，面相丰圆，眉间施毫，细眯眼，恍露忧郁之色，半袖露胸上衣，帔帛经领口处刻折带纹。菩萨左手执莲蕾自然垂放，右手抬至胸部。下穿长裙，裙长及地，外罩短边裙，裙口束带有褶皱，裙内翻出衣带，垂结环绶。右胁侍亦戴宝冠，面颊丰润，施白毫，下颌饱满，慈眼远眺，嘴角含笑，神态温雅。细颈瘦腰，天带绕腕飘垂，呈现出幽韵冷香的女性风姿。菩萨下身穿长裙，外衬边裙，衣纹质感较强，腰间束带，垂结环绶。二胁侍菩萨整体风格体现了辽代造像的艺术特征（图79）。

图 79　第 11 窟中心塔柱南面左胁侍菩萨

西壁整个壁面高低起伏，龛像忽大忽小，为降低劳动成本，壁面未经取平工序就顺势施工造像，这是没有统一施工、脱离整体构思、民间聚资镌像的特点。西壁共分布56个龛，多属云冈中期前段样式，以七立佛造像规模最大。这座大型屋形龛宽7.4米、高2.5米，龛内雕七立佛，其中北端两尊已风化。佛像形体高大，面形圆润饱满，波状发式，大耳垂肩，面相丰圆，唇薄含笑（图80），右手上举施无畏印，左手前伸施与愿印，着褒衣博带式袈裟，衣缘翻卷如波，佛衣底端外侈，华丽飘逸。七佛造像渊薮久远。所谓七佛包括过去庄严劫中的毗婆尸佛、尸弃佛、毗舍浮佛以及此贤劫的拘楼逊佛、拘那舍牟尼佛、迦叶佛和释迦牟尼佛。佛经中讲，他们依次出世宣说法理，照明世界，并可以解除一切众生的生病死痛之苦。

东壁分层布列30多个龛，龛基供养人阵式庞大，多属团体组织发愿凿龛，其中以上层南端的太和七年造像龛最为闻名，记云：太和七年八月三十日，邑义信士女等五十四人感念生在末代，值遇圣主，“为国兴福”，敬造九十五尊雕像，上为皇帝、太皇太后、皇子，下为七世父母，发心祈愿。同时也祝望众生“长辞八难，永与苦别”“道心日隆”。这是由纵向分布的五层造像内容为中心的组合构图，由上向下分

图 80　第 11 窟西壁七立佛（局部）

别为交脚菩萨盝形龛、并列坐佛龛、二佛并坐尖拱龛、3 身开胯盘坐的菩萨像以及太和七年题铭石（图 81）。3 身菩萨像有“文殊师利菩萨”“大势志菩萨”“观世音菩萨”榜题，铭石两侧雕刻 4 位僧人，有“邑师法宗”“邑师昙秀”“邑师普明”榜题。这组龛像的两侧另有 87 个千佛龛，与前述龛内 8 尊造像相加刚好 95 尊雕像，正符合题记中的数字。此外，题铭石两侧有鲜卑装男女供养人 54 身，也与题记保持一致，男像头戴鲜卑帽，身穿交领窄袖长袍，下身裤履，合掌恭立；女像戴风帽，穿窄袖长袍，下身加裙，裙长及地。这些人物雕刻形象，堪谓北魏社会生活的画卷，是研究北朝服饰史的珍贵资料。

南壁上半部留下很多未凿空间，说明当时施工没有一定的秩序。东端浮雕三层楼阁式塔，塔顶须弥座上承花，一化生童子从中探出半身。塔刹处于覆钵座上，刹柱上饰相轮，二旌幡随风飘扬。塔基宽大，雕供养人众。塔两侧菩萨头冠较大，手持莲蕾，轻薄贴体的羊肠大裙勾勒出女性瘦腰丰臀的优美曲线。

◎不可错过　东壁　太和七年造像碑

魏碑，又称“北碑”“魏楷”等，是南北朝时期碑碣、

图 81　第 11 窟东壁太和七年造像龛

墓志铭、造像题记等诸种石刻文字的统称。中华书法自汉隶肇始，到了魏晋时期，板正僵化、波磔矫饰的隶法不再适应时人的审美情趣和审美理想，而转向化圆为方的楷书之变。北魏正处于这一变革期，平城则是这一变革期的关键点，其最终成就了上承汉隶余风、下开隋唐真书，隶楷兼形、方正凝重的新创书体——魏碑。当时，京都平城汇聚了众多的书法大家如崔玄伯、卢渊、裴敬宪等，他们是构建并奠定北魏平城书法体系与艺术风格的汉族文人代表。魏碑“落笔峻而结体庄和，行墨涩而取势排宕”“意象开阔，唐人终莫能及”。随着北魏迁都洛阳，后滥觞于河洛，盛名于世。

太和七年造像题铭石（图82）高3.7米、宽7.8米，共25行，每行14 ~ 16字，凡337字，字径2 ~ 3厘米，内容为（录24行）：

太和七年，岁在癸亥，八月卅日，邑义」（“」”表示碑文断行位置，下同）信士女等五十四人，自惟往因不积，生在」末代，甘寝昏境，靡由自觉。微善所钟，遭」值圣主，道教天下，绍隆三宝，慈被十方，」泽流无外。乃使茛夜改昏，久寝斯悟。弟」子等得蒙法润，信心开敷，意欲仰酬洪」泽，莫能从遂。是以共相劝合，为国兴」福，敬造石庙形象九十五区及诸菩萨。」愿以此福，上为」皇帝陛下、太皇太

图 82　第 11 窟东壁太和七年题记

后、皇子，德合乾坤，」威逾转轮；神被四天，国祚永康；十方归」伏，光扬三宝，亿劫不隧。又愿义诸人、」命过诸师、七世父母、内外亲族，神栖高境，」安养光接；托育宝花，永辞秽质；证」悟无生，位超群首。若生人天，百味天衣，」随意飡服；若有宿殃，堕洛三途，长」辞八难，永与苦别。又愿同邑诸人，从」今已往，道心日隆，戒行清洁，明鉴」实相，晕（宣）扬慧日。使四流顷竭，道风」堂扇；使漫山崩颓，生死永毕。佛性明」显，登阶住地，未成佛间。愿生生之处，」常为法善知识，以法相亲，进止俱游。」形容影嚮（响），常行大士，八万诸行，化度」一切，同善正觉，逮及累劫先师七世父。

这是第 11 窟二次补凿工程中最先进入洞窟的团队，同时也是中国最早进入石窟寺造像的邑社组织。邑社，也叫邑义、邑会等，是在北魏平城时兴起的一种由在俗佛教信徒组成、以进行佛教造像活动为主旨的民间社团组织，来自平城寺院中一些修德较高的比丘或比丘尼是邑社的导师，也是这一组织的灵魂人物，他们负责组织宣传佛法教义、佛教造像活动，被称为“邑师”“引导僧”或“教化僧”。

该题记内涵丰富，书体端朴高古、寄巧于拙、点画多变、方圆并设，是平城魏碑书法的典型代表。

第 12 窟：1500 年前的交响

在云冈，如果说有哪一个洞窟是以音乐为线索去表达佛教的灵魂的，那便是第 12 窟。

第 12 窟素有“音乐窟”之称，属具前后室的佛殿窟，四根方形抹角廊柱将外立面分为三间。这里是音乐的殿堂，舞蹈的圣地。一进洞窟前室，北壁窟门、明窗边沿、窟顶四围，满眼都是光彩夺目的乐舞雕像，他们忽视时空为佛起舞，忽视黑夜对寂寞喧嚣（图 83）。该窟现存乐伎 51 身，乐器 48 件，计 19 种，它们反映了北魏社会的音乐制度以及宫廷音乐风貌，是研究中国古代乐器形制、演奏方式与乐队组合

图 83　第 12 窟前室内景

竖箜篌　　　　筚篥　　　　五弦

图 84　第 12 窟乐器（梁力强　绘）

的珍贵历史资料（图 84）。

北壁尖拱形窟门门楣内，分三层雕刻内容，上层一组飞天，共拥博山炉；中层雕 9 尊禅定坐佛；下层 10 身飞天乐伎分别持奏腰鼓、齐鼓、五弦、法螺、筚篥、琵琶、义觜笛、腰鼓、排箫、鼓等乐器。其中，齐鼓与义觜笛少为人知，二者都是古代西凉乐部的专用乐器。齐鼓，一头大一头小，两端均有圆形凸起部分，“如麝脐然”，双手击打，后流布到高丽。义觜笛，状如横笛，但在吹孔处设有“凸”形口托。

窟门两侧多层方柱上端各有 3 身舞伎，动作连贯，气韵奔放。一人提胯、双手抱拳，好像在表演亮相动作；另一人右手上举亮掌，左手扳住右腿踊跃，这是典型的“跳门坎”舞姿，这种腾跳技巧至今仍见于新疆舞蹈及传统戏曲表演中；

齐鼓

法螺

琵琶

还有一人，左手叉腰，右手托掌，吸腿而立。

北壁上层天宫伎乐由 14 个尖拱龛并列构成，一龛一乐伎（图 85），从左向右分别是吹指、齐鼓、排箫、琵琶、横笛、琴（筝）、五弦、筚篥、竖箜篌、琴（筝）、腰鼓、义觜笛、法螺、鼓，“如是众妙乐，尽持以供养”。吹指，又称指啸、啸指等，演奏者将小指含入口内吹咏，或将拇指、食指环捏，借助唇、齿配合送气发声，从而得到裂石穿云般的啸响。佛经中每值遇圣人圣物时，人们通过吹指发妙音来表达礼敬之心。恰巧鲜卑人也善吹指，牧马长啸，百籁感奋，这种模仿自然、融于自然、超逸自然的发音方式，是鲜卑人体验式情感的纵意抒怀。云冈吹指乐伎有 10 余处，其与乐队组合，易于渲染气氛，有时还列于乐队首席，位置显赫。

图 85　第 12 窟前室北壁天宫伎乐

天宫固然美好，但终究是人间艺术的再现，那些飞行自若、后脑勺能放出神奇光环的乐人，手中所持乐器哪个不来自我们寻常生活中？这里倒引申出一个音乐文化的源流问题——云冈石窟乐器雕刻素材从何而来？

每个时代，每个民族，都有与其社会相适应的音乐文化，当我们在谈论并推崇当下的流行音乐时，云冈会告诉你1500年前的北魏平城时代在流行什么音乐。两晋以来，战乱频生，政权迭更，原先由西晋王室承传的汉魏宫廷礼乐几经辗转，数易其主，乐器、乐工严重缺遗散亡。拓跋鲜卑创建北魏王朝后，来自龟兹、疏勒、西凉、安国、高丽、悦般等地域的各族乐舞流派与乐工流布平城，它们完成了由最初的独特民族、独特地域性民歌的形态向宫廷音乐过渡的发展变化，这期间经过鲜卑化、汉化的改造与糅合，成为符合鲜卑政治需求、欣赏趣味、审美理想的泛鲜卑化宫廷音乐。

西凉乐是魏晋以来兴盛于凉州地区的地域性乐舞流派，北魏太延五年（439），太武帝“平凉州，得其伶人、器服，并择而存之”。西凉乐归之平城后备受推崇，太武帝“宾嘉大礼，皆杂用焉”，此乐部盛极一时。直至周、隋之际，西凉乐仍与真人代歌杂奏，其唱词中“多可汗之辞”，即融入了鲜卑语，正所谓“因胡曲而造新声”。西凉乐是云冈乐舞雕刻的主流，《隋书·音乐志》所载西凉乐 19 种乐器中，云冈即见 15 种，既有汉魏旧乐琴筝笙之类，也有龟兹五弦、西亚系波斯竖箜篌、天竺梵贝、鲜卑大角，还有大量的西凉乐特性乐器如齐鼓、檐鼓、义觜笛，与史书所云西凉乐“盖凉人所传中国旧乐，而杂以羌胡之声”吻合。正处于各民族乐舞文化大融合的时代，云冈石窟乐舞雕刻吸收并糅合了北方各少数民族以及中亚一带的胡风乐舞，形成以西凉乐为主流、以龟兹舞为突出的艺术特点，它是北魏平城时代乐舞艺术空前繁华的一个缩影。

再看第 12 窟前室窟顶，呈扇形分布 7 身高浮雕胡貌伎乐天（毁 1），身高近 1.4 米，是云冈体形最大的乐伎雕刻。他们上接窟顶，下连窟壁，集护法、供养、支撑、装饰等作用于一身，构思巧妙。中央位置为弹指舞伎，其余各持筚篥、琵琶、腰鼓等乐器演奏，他们体格壮硕，吸腿迅起，与北壁乐舞雕刻内容相呼应。

石窟中为什么雕刻这么多乐舞形象？概括起来有五点：1. 宣唱法理，开导众心；2. 具有护法、护佛的作用；3. 娱佛，为诸天作乐；4. 歌颂佛德；5. 音乐也是一种供养。《法华经》中即说：“若使人作乐，击鼓吹角贝，箫笛琴箜篌，琵琶铙铜钹，如是众妙音，尽持以供养。”作为佛教艺术的重要内

图 86　第 12 窟窟门顶部交龙

容之一，除了以上佛教功能外，乐舞雕刻在石窟中还有特殊的仪式性以及叙事性。第 12 窟前室分布“佛陀苦修”“降魔成道”“鹿野苑初转法轮”等故事图，这漫天的伎乐天正是为赞贺佛陀弘法布道、教化众生而呈现的。

窟门两侧各一金刚力士，菩萨装，深目，眼珠鼓凸，眉毛倒竖，颈暴筋骨，张口怒吼。窟门顶部二蟠龙反首交缠，独角，肢体、肘毛呈叶纹化（图 86）。

西壁上层屋形龛，四根八角柱将龛面界为三间，施一斗三升兽头拱，狮形极具波斯、印度地域色彩（图 87）。立柱之间又设叉手，拱上刻饕餮，正间拱坡栖金翅鸟，口衔三叶忍冬。脊顶金翅鸟人面鸟身，头戴三面宝冠，有尖喙。两

图 87　第 12 窟前室西壁屋形龛

翼撑展欲飞，两腿粗壮有力，形象十分威武。按古印度神话，金翅鸟是太阳和光明的象征。

东壁上层的屋形龛与西壁略同，但檐椽下的斗拱刻意表现为中国传统的一斗三升拱及叉手，与西壁外来风格的柱头相映。当心间内交脚菩萨头戴化佛冠，宝缯飞扬，冠巾飘展，耳饰如穗搭肩，戴项圈，佩璎珞、蛇饰，臂钏、腕镯上均雕连珠纹，俨然古印度贵妇的装扮，精美绝伦。次间各一半跏趺思惟菩萨像，一足叠于膝上，半跏趺坐于束帛座，一手抚腿，一手支颐，妩媚动人。梢间内各一菩萨侍立，秀发飘肩，双手合掌，身形窈窕，显现出少女般的柔姿丽质。

窟顶呈长方形，共八格，每格均雕作斗四式藻井，井心刻一团莲，井内四边飞天翩跹起舞，前后追逐。井外有纵横的枋条，枋面上雕逆发形飞天，枋条搭交处雕重瓣莲花。

后室南壁下层东、西二龛各有意涵，东龛由诸供养天众拱围成一尖拱龛形，龛内一佛跏趺坐，结禅定印，袒右肩袈裟。龛外两侧雕刻马匹、骆驼、比丘及俗装胡人，表现二商奉食的佛传故事。据佛经载，“提谓”“波利”二商主率500商人巧遇佛陀，在天人的启示下以蜜麦供养，他俩成为佛陀最初的在家弟子。南壁西龛内同样雕一坐佛，龛外两侧簇拥着形形色色的供养天众，或高发髻或逆发形，或持莲或托博山炉，或跪或立。龛外下方两侧雕 5 身鲜卑装束供养人，有持长茎莲者，有托摩尼宝珠者，形体较大，可能是发愿造像的功德主，也可能是其他故事题材。

后室窟顶平棊藻井分九格，中间二格内分别雕五头六臂、手托日月、乘孔雀的鸠摩罗天和三头六臂、手托日月、骑神牛的摩醯首罗天；下方并列三格，雕手托日月的阿修罗天；其余格间另雕发式各异的护法神像。藻井纵横枋条上，飞天盘绕回旋，舞姿多变，气氛热烈。

◎不可错过　前室窟顶　世上第一“指挥家”

南壁中央舞伎处于整个乐队的“C”位，地位显赫。他头戴圆顶帽，帽后有冠披，扭腰耸胯，双脚交叉而立，两手合掌侧举，两食指相拨击弹指，举止轻盈，具有龟兹舞蹈的典型特征（图 88）。弹指，即手指相拨击发出明快的响声，今天新疆维吾尔族、乌孜别克族民间舞蹈中仍保留各种弹指动作，边弹边跳，气氛激昂、热烈。古代通过弹指掌控节奏，这位翩翩少年便是整支乐队的灵魂人物，既是乐队节奏的总指挥，也是音乐风格的引领者。你仔细听，每一块石头都是一面神奇的鼓，敲击着永恒的信仰。生命若花，谁能跨越千年如此美丽？

图 88　第 12 窟前室弹指舞伎

第 13 窟：奇怪的佛头

第 13 窟位于云冈中部窟群最西端，给人的印象是：低调而神秘。

这是一座保持着古风的穹隆顶大像窟（图 89），北壁主像交脚菩萨高约 13 米，头戴宝冠，颈部戴项圈及璎珞，项圈悬铃，胸佩蛇饰，蛇昂首衔珠。右手上举，肘下雕四臂托举力士，据说此臂重约 500 公斤。该像经后代塑泥，腰部以下覆泥坚固严实，原雕仅可见双足踏莲。

西壁风化严重，最高处保留了很少一部分北魏时期的雕刻，其余全部被清代泥塑彩绘覆盖。

东壁龛像层层叠叠、流苏帷帐、神龙飞动，尽显汉化气象。从佛龛龛基供养人阵列看，众多功德主参与了此窟的造像。最下层一组半跪姿供养天均具圆形头光（图 90），高发髻，面部圆润丰满，袒上身，或横巾斜搭，或披挂“X”形衣带。有的双手合捧莲蕾，有的一手叉腰、一手上托博山炉，神情恬静，虔心向佛。下裙以细密的阴线来表现衣纹贴身，雕刻技法写实。

南壁窟门与明窗之间雕刻七立佛（图 91），并排立于庑殿顶下，佛像体形高大、气势非凡。庑殿顶被巧妙地分成

图 89　第 13 窟内景

图 90　第 13 窟东壁供养天

佛光普照

图 91　第 13 窟南壁七立佛

三部分，中间的庑殿较宽大，内雕 3 尊立佛，东、西两侧庑殿略小，内各立 2 佛。乍一看，七立佛肉髻高耸，面形圆润，身着褒衣博带式袈裟，衣袂飞扬，下摆翻卷如波，面貌、衣饰、姿态均无异，站在覆莲台上，右手一律上举施无畏印，左手下伸。如果说有区别，那就是佛像背光中的图案组合略有不同。然而，再细端详会发现，东端 2 尊佛像的手印与另 5 尊立佛不一致，明显是后来重新补雕安装上去的。更不可思议的是：这 2 尊佛像的头部也是在辽代被发愿者改换上去的，并有男女相特征（图 92），佛头与壁面之间的裂隙，黏合得自然而隐蔽。

当时出于何意要换掉佛头？背后寓意是什么？新佛像代表谁？

帝佛合一的理念早在北魏平城时期就已渗透佛教造像中，除了皇帝，谁敢妄自尊大与佛比肩？

所以，辽代更换了的这 2 尊佛头，必定与皇权有关。但是，为皇帝造像可以理解，那尊具有女相特点的佛像代表的是谁？也只能是某位辽皇后吧。

在中国帝制时代，皇后同样具有崇高的地位，皇后家族因此进入权贵之列，即“后族”。后权是皇权的延伸，也是皇权的分享者。后族作为一个政治群体，在中国历史发展过

图 92　第 13 窟南壁七立佛头部对比
上层是东端 2 佛，下层由东向西排列另外 5 佛。

程中起到了重要的作用。“后族”属于外戚，历朝历代为防止政权旁落，都针对后族干政制定了相似的制度，尤其是汉代以来的“子贵母死”制最为典型。辽代一共经历九帝，其中四帝朝中发生6起废后事件。尽管如此，辽代历史上还是多次出现了“女主干政”“太后听政”的局面。按辽代在云冈的活动历史推测，此处东起第二尊佛像应是为兴宗皇帝所造，旁边具有女性容颜特点的佛像，可能是给他的母后——曾经临朝掌政的钦哀皇后萧氏所造。当然，也不排除是冤死的宣懿皇后萧观音。

窟顶被主尊背光占据近一半，其余空间雕刻二龙，交首顾望，娇腾盘绕，硕大弯折的躯体间，有近10组龙形云纹，头戴小帽、手持叶茎、振臂飞行的天人夹杂其间，犹如汉刻中鱼尾托云的神话人物。

◎不可错过　主像黑石之谜

请注意，北壁主像交脚菩萨右脚面上有两粒直径约6厘米的“黑石”（图93），这不是人为镶嵌的，而是岩层中自然形成的石结核。20世纪80年代，学界曾为此刮起一股“黑石之谜”的争论。据《魏书》记载，文成帝恢复佛教后，诏命时任宗教领袖的师贤监造1尊石佛像，结果，佛像完成后，

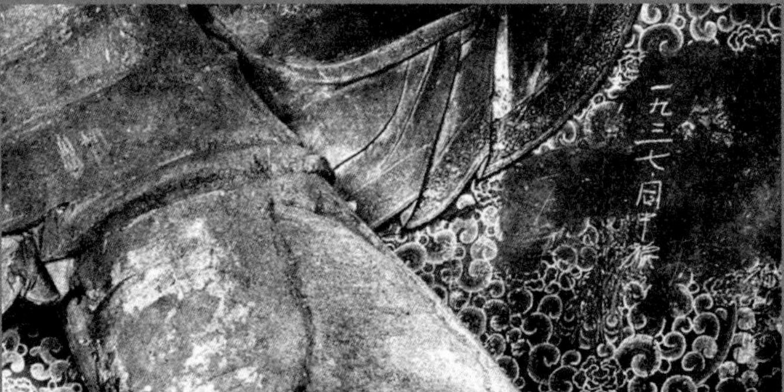

图 93　第 13 窟交脚菩萨右足上的两颗黑石（水野清一、长广敏雄《云冈石窟》第十卷，日本京都大学人文科学研究所，1952 年）

颜上足下都有黑石，恰好与皇帝身上黑痣的分布位置吻合。第 13 窟的黑石发现，自然让人与《魏书》中记载的“令如帝身”的石佛联系起来。不过，目前菩萨面部仍被明清时代的塑泥覆盖着，不能确认有无黑石，一旦某天泥皮剥落，菩萨脸上露出黑石，第 13 窟主像是为文成皇帝所造就凿实了。若此，云冈石窟的始凿年代恐怕将比现行惯用的“和平说”提早若干年，中国石窟寺造像分期断代、样式变化等既有定论，也将随之重新梳理。

第 14 窟：独一无二的窟形

论营凿时代，第 14 窟应该是介于云冈中、晚期的过渡性洞窟。该窟属具前、后室的佛殿窟，至少在清代，前立壁就已经坍塌，现在的外貌是 1993 年改造的。

云冈每一座洞窟的设计理念都力求不同凡响，第 14 窟前室窟口设东西廊柱（原立柱已毁，现列两柱为 1994 年依旧基新造）。当时的设计师应该考量到窟室空间大小，另结合石质构造因素，摒弃了传统的以具门、窗的立壁形式作间隔分出前后室，而改凿两根方形石柱（现仅残存东柱，柱身上半部分满雕千佛，下半部分四面凿小龛

图 94　第 14 窟内景

像），只作空间形式上的划界，既便于采光，窟内又不显局促，实属创举（图 94）。

前室西壁第二层南侧凿一方龛，表现《维摩诘经》中的“观众生品”故事内容（图 95）。画面中，维摩诘衣宽身瘦，右手举麈尾；文殊面向维摩诘，像略残。身穿菩萨装的天女站于二人之间，面朝维摩诘，左手提莲花，右手持如意。《维摩诘经》讲：有一天，在维摩诘可容纳三千大千世界的丈室里，众菩萨及弟子正在听法。一天女将花抛在空中，花瓣凡落在代表大乘佛教的大菩萨身上会自然滑落下来，因为

图 95 第 14 窟西壁“观众生品”故事图

他们已经断了分别妄想；而落在代表小乘佛教的弟子身上，花瓣便会吸附在他们身上，任其怎样拍抖都坚实不落，比如舍利弗。

天女问舍利弗：“你为什么要去除身上的花呢？”

舍利弗说：“出家人身上戴花瓣不符合佛教仪轨和戒律，必须要除掉它。”

天女说：“莫道此花不入法，为什么呢？事实上你身上有无天花是没什么区别的，是你心理作用妄生分别。”

之后，天女与舍利弗展开论辩男女之相等问题。原来，此天女曾供养过九十二亿佛，早已达到菩萨果位，得无生法忍，住不退转，她是为了济度一切众生才现身教化的。这个新颖奇异的故事后来被表现在京剧、黄梅戏等戏曲以及壁画、年画艺术作品中，那就是著名的“天女散花”题材。

后室北壁渗水历久严重，雕像剥蚀殆尽，1992 年洞窟考古发掘中，意外发现主像的双脚，另结合壁面上残存的佛像背光，可以判断出主像为高约 8 米的立佛。

◎不可错过　外崖东侧壁　珍贵的斩山遗迹

开凿云冈石窟首先要从武州山斩山工程开始。削山为壁，是由上而下呈阶梯状推进的，其间形成的每一级台面刚好是工匠的作业面。的确，开凿最早的昙曜五窟选择了地质层理构造最好、岩石质地均匀的地段，崖头与地面垂直落差大，高而陡，宜开大窟，我们很难想象当时的斩山工程量具体有多大。幸好，第 14 窟东面还保留着这段斩山时的断壁遗迹（图 96），从它的坡度我们能感受到甚至计算出相应的工程量。

图 96　第 14 窟外东侧斩山遗迹　笔者摄

第 15 窟：千佛洞

说是千佛洞，实际窟内雕像逾万，故此过去也称万佛洞。

这是一座平面呈长方形的单窟室，窟门、明窗均显狭窄，窟高将近 10 米，站在窟中央看上去，像是一口向上收分的竖井。壁面上半部以千佛雕刻为主，排列有序，构图严谨（图 97），千张脸相隔如此之近，从未直面；千颗心修习跨越千年，从未相言。

神圣，永远是安宁的。有相无相，似想非想，个中三昧，有谁洞悉?

千佛是僧众们礼拜观想的重要内容，是信众行善事、积功德、发弘愿、勤修精进的见证。佛经中说：雕刻千佛或抄念千佛名号，可忏悔往世生死之罪，并消除现世种种灾难，得福获利，临命终时，还可受到过去、现在、未来一切十方三世诸佛的迎接，往生佛国乐土。这是多大的诱惑啊!

西壁分上、中、下三层。下层龛像风化严重；中层有 2 组龛像，不乏佳作；上层千佛壁有一个盗洞与第 16 窟贯通，这是 20 世纪 20、30 年代的盗贼留下的创口。

窟顶平棊多处崩毁，平顶，四边格内雕飞禽与瑞兽。顶部中央雕一朵复瓣重莲，两枋“X”形与莲花斜交，形成 4 个近三角形区域，其间雕二龙相缠。平棊枋上雕饰枝叶舒展的波状忍冬图案。

◎不可错过　西壁　云冈唯一的鱼鸟水藻

西壁中层并列两组盝形龛，龛内主像均雕交脚菩萨，两侧宝盖龛内各一立佛，这样的造像组合关系，突出强调了对弥勒的信仰。龛基中央雕双狮对拥博山炉，两侧各有一潭池渊，其间水草袅袅，鱼儿穿梭，众鸟和集，一派“沙鸥翔集，锦鳞游泳；岸芷汀兰，郁郁青青”的美景（图 98），这大

图 97　第 15 窟东、南壁千佛

图 98　第 15 窟西壁鱼鸟水藻

概就是工匠能想象到的弥勒净土世界吧。但是，画面中并不见水，艺术家通过植物枝条的摇曳、鱼儿自由地游动让观者去感知水的存在。弥勒经典中说：“园林池泉之中，自然而有八功德水，青红赤白杂色莲花遍覆其上。”或许，这“八功德水”本就不是我们凡人轻易能看见的神奇之水吧。

第 16–1 窟：悲伤的黑洞

这个夹在第 15、16 窟之间的横长方形小洞窟，外廓凸

图 99　第 16-1 窟现状与被盗前对照

出于第 16 窟外立壁近 1.8 米。窟内空间不大，进深 2.1 米，东西 4.3 米，高约 7 米。从现状来看，该窟最初只按原计划完成了窟顶及东、西、北壁上下两层龛像的雕刻（南壁已崩毁，情况不明），距地面高约 2 米的壁面内容为云冈晚期追刻填补。洞窟前立壁早年坍塌，窟门、明窗全无，形成敞口，一眼望去就可见北壁三个触目惊心的大窟窿（图 99），让人想到 20 世纪初疯狂盗凿佛像的黑暗历史。

北壁分三层龛，下层中间尖拱龛内佛头在 1907 年前就已不存在。按理说，没有佛头的造像不属盗凿对象，可能是它背

图 100　第 16-1 窟北壁上层被盗交脚菩萨

图 101　第 16-1 窟北壁中层被盗交脚菩萨

面——第 16 窟南壁的禅定坐佛引起了盗贼的兴趣。

北壁上层中央盝形龛内，原雕一交脚菩萨，像高 1.29 米，菩萨头戴高冠，面颊丰圆，双目微启，嘴角微翘含笑，帔帛自双肩搭下，身形挺秀劲健（图 100）。该像现藏于美国纽约大都会美术馆，1922 年由美国罗杰斯基金会转入，编号 22.134。中层左侧盝形龛内，同样原雕一交脚菩萨，像高 1.67 米，菩萨头戴高大的宝冠，鼻高而直，帔帛宽博，造像体态雄浑丰满（图 101）。该像被盗于 1922 年，原为法国著名古董商王涅克（L.Wannieck）收藏，现藏于法国巴黎色努斯基博物馆。

西壁中层尖楣圆拱龛内二佛并坐像左侧被盗佛头，高0.4米，现由日本人武藤山治收藏。

盗贼为什么会把目标集中在这个洞窟呢？一是当时村民在窟内搭有草棚，棚顶堆积的蒿草垛便于窃贼接近洞窟壁面，是他们行窃的如意平台（图102）；二是该窟北壁与第16窟南壁为共用壁，壁厚不足0.2米，易于凿取；三是该窟为云冈石窟中、晚期过渡之际的洞窟，造像具有胡汉杂糅之风，艺术价值较高。

◎不可错过　东壁中层　“实在很美的造像”

1939年9月，日本美术史家木下第二次来云冈，与当时正在云冈进行考古调查研究的长广敏雄相见后，畅叙他19年前初来这里的往事。谈到中国佛像之美的话题时，木下说他上一次到云冈也见过“实在很美”的石佛，但具体在哪个窟、哪个位置，还要再三寻找。后来，他找到第16-1窟，确认是这个洞窟，但“实在很美的造像”已被破坏，只留下断掉脑袋的佛身。木下失望地回去了。

木下说的“实在很美的造像”便是第16-1窟东壁中层尖拱龛二佛中的左侧坐像佛头，约于1920—1939年间被盗，现藏于美国哈佛大学赛克勒博物馆。佛头高0.41米，高肉髻，

图 102　20 世纪 30 年代搭建在第 16-1 窟前的民舍

图 103　第 16-1 窟东壁被盗佛头

细眉长眼，鼻高而直，鼻翼分明，嘴角内含，面容慈祥，堪谓云冈石窟佛教雕刻艺术的精品（图 103）。

第 16 窟：改变计划的雕像

第 16 ~ 20 窟在云冈开凿最早，习称“昙曜五窟”。据《魏书・释老志》记载：和平初年（460），沙门统昙曜奏请文成帝“于京城西武州塞，凿山石壁，开窟五所，镌建佛像各一。高者七十尺，次六十尺”。这组洞窟一统为穹隆顶、平面呈马蹄形的大像窟，根据主像和窟内布局，又分两组，一组是较先开凿的第 18、19、20 窟，另一组是完工略晚的第 16、17 窟（图 104）。

昙曜五窟以三世佛造像为主，主像均高 13 米以上，雕

图 104　昙曜五窟正视图

饰奇伟，冠于一世，壁面上雕出符合一般习禅僧人谛观的释迦、弥勒和千佛形象，体现了昙曜欲求佛法流通后世、永存无绝的思想，又兼有广聚沙门、同修定法的目的。通常认为：五所洞窟主像对应象征北魏太祖以下五帝，但北魏帝王中有两位称太祖的，即平文帝与道武帝，这里应该从哪一位论排呢？必须要强调的是，文成时代的太祖以下五帝，“太祖”指的是平文帝，而非道武帝。道武帝被尊为太祖，是在孝文帝太和十五年四月以后（张焯《云冈石窟的历史与艺术》，《中国文化遗产》，2007 年第五期）。不过，尽管不严谨，目前通行的说法还是以道武帝为比定。

按昭穆制辈次排列规则和次序，太祖居中，左昭右穆，父昭子穆，那么第 20 窟对应的是太武帝、第 19 窟对应太祖

道武帝、第 18 窟对应明元帝、第 17 窟对应未继位就夭折了的景穆帝、第 16 窟对应当朝的文成帝，其中第 16 窟最初应设计在第 20 窟的西侧，即今第 21 窟位置，由于那里的石质出现了问题，开凿大窟一事不堪胜任，无奈改到现址，第 16 窟也因此成为五窟中完工最晚的洞窟。

昙曜五窟造型艺术气势粗犷、雄浑，既反映出犍陀罗、西域以至凉州造像的特点，又注入模拟鲜卑族容颜风范的创意，最终塑造出具有胡貌梵像特色的新型佛像样式。

第 16 窟主佛高 13.5 米，右旋波纹状发髻，面貌俊逸，目视前方，神情端凝，旷达超迈（图 105）。右手上举胸前施无畏印，左手自然下垂，拇指与中指轻捏施说法印，手的雕刻丰润而富肌肤感，手指关节的曲直变化（图 106），优

图 105　第 16 窟主佛

图 106　第 16 窟内景及主佛手部特写

雅而生动。更独特的是：佛像着褒衣博带式袈裟，内着僧祇衣，胸前结带，外衣宽大，衣襟敷搭左臂后下垂，褒大之衣，广博之带，峨冠高履，这是北魏太和年间服制改革取法汉魏传统的佛衣样式。

南壁窟门东、西两侧各有一大型尖拱龛，龛内一坐佛，龛楣外均雕乐伎，齐声竞演宫商，合韵皆吟法曲。其中东龛龛楣外六身乐伎分别持奏铜钹、腰鼓、义觜笛、法螺、排箫、齐鼓，除了击钹乐伎，其他人都梳逆后的辫发，代表来自北方不同的少数民族。

◎不可错过　东壁　切断供养人的脚

该窟东壁唯有一尖拱龛，也是此壁最大的龛，龛内二佛并坐，按东壁统一布局来看，此属计划中造像无疑，该功德主的身份也不俗，至少是皇室中“内里人”。那么，此龛当视同拓跋氏疆域上的一个标志碑，不容冒犯。

问题出在龛基。龛基一仍石窟中的固有格式，雕一组男女供养人像，但不知为什么，这组供养人稍后就被铲掉了，代之以三层千佛列龛。令人费解的是：供养人并未铲除干净，男左女右对立的 12 人，留存几对高靴和数截裙摆，记录着男人与女人的残缺往事（图 107）。根据云冈石窟

图 107　第 16 窟东壁切断的供养人的脚

特殊的政治性质，只能怀疑这一打破关系或与某次政治事件相关。

第 17 窟：哀怨的拓跋晃

真巧，这残败不堪的面目，一如其主人不济的命运，透出了隐隐的哀怨。

该窟主像交脚菩萨高 15.5 米，形体高大，占据了洞窟的较大面积（图 108），头戴宝冠，面形长圆，秀发披肩，胸佩蛇饰及短瓔珞，臂戴钏，斜披络腋，束腰收腹，下穿羊肠长裙，狮子座，具有浓郁的异域情调。宽阔的衣纹间阴刻数道线条，雄浑有力，这是在吸收汉画像石“减地平雕”的基础上，融合马图拉造像风格创造出的新技法。左臂下有束帛形支撑立柱，终因石质原因，连同右臂一并崩毁。东、西壁各开一大龛，内雕佛像，一坐一立，与主尊构成三世佛组合题材。

第 17 窟主像象征景穆帝拓跋晃，学界对此大致认可。

拓跋晃，太武帝拓跋焘的长子，文成帝拓跋濬之父，好读经史，明慧强识，仁爱宽和，笃信佛法。延和元年（432）被立为皇太子，时年 5 岁。太平真君四年（443），拓跋晃参决军国重事，因才能出众，拓跋焘“令皇太子副理万机，总统百揆”。晃与大臣崔浩、寇谦之不睦，而此二人恰讨皇帝厚识。太武灭佛时，晃故意缓宣诏书，众多僧侣由此得以逃生，父子之间的裂隙已露端倪。后来，崔浩愈加猖獗，向太武帝诬告晃有不臣之心。按《南齐书·魏虏传》中的说法是：晃计划谋杀太武帝，反被帝杀。正平元年（451），年仅24岁的太子晃死于东宫，《魏书》含混不清地记载为“以忧薨”，因忧虑而死。但有一点是清楚的，拓跋晃为非正常死亡，不排除与父子间的政治斗争有关。正平二年（452），文成帝拓跋濬即位，追封其父为景穆皇帝，庙号恭宗。

交脚弥勒在佛教中代表未来佛，作为补处菩萨，先佛入灭，经五十六亿七千万年出世，在未来世娑婆世界成佛，成为释迦的继任者。第17窟以交脚菩萨像暗喻未继位就死去的景穆帝，洞窟地面明显下沉地面1米，低于另四个洞窟，表明他的尊格略低。至于有人说是当初施工计算有误，菩萨交叉的双腿无法安放，被迫向下挖出空间；也有说最初设计的是坐佛像，后来方案改为交脚菩萨。有些时有些事，今人总是把古人想得太过简单。

西壁盝形龛内的右胁立佛，面庞浑圆，胸部魁硕丰厚，着通肩袈裟，衣褶稠密流畅。圆形头光作三重，由内向外分

图 108　第 17 窟内景

别雕饰莲花、禅定坐佛及忍冬纹，火焰背光近椭圆形，外侧纵列供养天，合掌半跪。

东壁盝形龛内左胁佛结跏趺坐，高肉髻，面部方圆，耳轮垂肩，手结禅定印。通肩式袈裟，衣褶雕成宽扁的线条，上面用阴线刻出 2 ~ 4 道细纹，粗犷中不失精细，刀法娴熟，线条流畅。佛像颈略短粗，双肩齐挺，身躯挺拔，具有北方少数民族雄强尚武的特质（图 109）。

◎不可错过　西壁盝形龛　供养天

龛内佛像背光外缘雕高发髻供养天，圆形头光，面部长圆，眉眼细长，神情恬静，双手合捧莲蕾，帔帛绕臂轻扬，小腹微隆，单腿半跪，虔心向佛，是早期供养天雕刻中的精品（图 110）。

◎不可错过　南壁窟门东侧下层尖拱龛右胁侍　云冈早期菩萨造像的精品

立菩萨，头戴三面宝冠，冠式高大，正面圆盘内雕禅定坐佛，盘顶装饰仰月，两侧冠披横展、宝缯翻飞（图 111）。菩萨脸型短圆，眼长、鼻直，小口巧致。袒上身，佩戴项圈、璎珞及蛇饰，臂腕佩钏镯，左手持莲蕾举胸前，

图 109　第 17 窟东壁佛像

图 110　第 17 窟西壁立佛背光外侧供养天

图 111　第 17 窟南壁菩萨

右手握持衣襟自然下垂。上身斜披络腋，下穿羊肠大裙，衣纹细腻匀称，映衬出身体曲线的起伏变化。

第 18 窟：千佛袈裟，世法所稀

这是昙曜五窟中布局最合理、造像最复杂的一个洞窟，全窟设计严谨（图 112），高低起伏，错落有致，相互对应；人物造型，面别镌像，骇动人神。

北壁主尊立佛高 15.5 米，高肉髻，面颊丰圆，眉眼细长，鼻梁高挺，浑厚质朴（图 113）。佛像右臂下垂，手已

图 112　第 18 窟展开图

图 113　第 18 窟内景

崩毁，左手挽衣襟置于胸前，指间有蹼，这是佛陀 32 种好相中的“手足缦相”，即手指间长有如鸭鹅趾般的缦网纤维。手部雕刻柔中带刚，饱满而富有弹力；手上肌肉块面的起伏变化（图 114）都表现得淋漓尽致，为了稳固手指，小指与胸部连接处镂雕短柱状的束帛支座。佛着袒右肩袈裟，浅直平阶梯式衣纹，僧袛支内衣雕饰精致的联珠纹与忍冬纹（图 115），极具波斯萨珊式艺术风格。外衣有序排列千佛，佛手中呈花瓣状的衣端上面纵向雕刻坐长茎莲的化生像。

身披千佛袈裟的雕像世所稀有，仅存于云冈。为什么会出现这样的佛衣？佛经中记载：毗卢遮那佛与释迦牟尼佛都可以遍身现千佛，“释迦牟尼佛，举身毛孔，放金色光，一一光中，有百亿化佛。诸分身佛，放眉间白毫大人相光，其光流入释迦牟尼佛顶。见此相时，分身诸佛一切毛孔，出金色光，一一光中，复有恒河沙微尘数化佛”。（刘宋昙摩蜜多译《佛说观普贤菩萨行法经》），原来袈裟上的千佛是本尊举身毛孔散发出的光芒，一一光中化作无量千佛，彻照十方无量世界。

窟内东、西壁对称配置胁侍佛、胁侍菩萨以及十大弟子像，神态各异，栩栩如生。唯西壁造像风化损毁严重。

图 114　第 18 窟佛像手部特写

图 115　第 18 窟佛像服饰特写

东壁左胁佛立于高浮雕华盖下，面庞浑圆，体魄伟岸，后世嵌入的黑色陶眼熠熠发光，高鼻直梁，唇线分明，嘴角用石青绘出绿色的胡须。左手自然下垂执衣角，右手上举，手掌因遭遇软岩层而蚀，指间有蹼。拇指和食指对捏呈圆形，另三指竖直，表示法轮印。“O”状的手形，也代表佛教的“空观”——观察诸法皆空的道理。朱色圆领通肩佛衣，轻薄贴体。主佛胁侍菩萨立于束帛高台上，头戴三面宝冠，宝冠上圆盘状的装饰物由山岳形联珠纹冠架托住，圆盘间隔以忍冬叶，正面圆盘内有一禅定坐佛，盘顶装饰仰月形，固定宝冠的缯带在一侧结节，既写实又具装饰效果。头后可见垂肩的辫发和披巾。耳饰莲华吐穗，雕刻精美绝伦（图 116）。

佛有十大弟子，各有神通，因闻佛法而解除烦恼，身安道存，达到最高的阿罗汉境界。东、西壁上层各雕五弟子，均为异域人的面孔特征，他们性格分明，神态生动，有的手提水瓶，有的手拈莲花微笑。还有一弟子从石壁上探出头来（图 117），高额深目，双眼微闭，眉端蜷曲，眼窝深陷，鼻梁高挺，颧骨凸出，两颊陷凹，露齿含笑，雕刻技法与风格非同一般。

南壁分层布龛，不乏精品。窟门东侧下层尖拱龛外有一

图 116　第 18 窟东壁胁侍菩萨特写　图 117　第 18 窟弟子像

剃发形比丘，身穿通肩式田相僧衣，倚坐于束帛座上，圆形头光，头微低，似在专注听法，面露浅笑，仿佛对佛的教诲已心领神会。

◎不可错过　窟门西壁龛基　柔然皇后的行迹

窟门西壁中层有一圆拱龛，龛内雕二佛并坐像，由造像服饰可知，这是云冈中期后段的一个补龛，龛基方形题铭上的刻字虽已风沥漫漶，但“大茹茹”“可敦”等关键字清晰可见，其历史价值弥足珍贵（图 118）。这就是云冈著名的《大茹茹可敦造像题记》，铭记共 12 行，断断续续可辨识以下 20 几个字：

大茹茹、可敦回、斯故、淮、乃、满、载之、何掌乎、以兹微福、谷浑□人、方妙

此处的“茹茹”，指北方游牧民族柔然，其曾活跃于今蒙古国全境以及俄罗斯贝加尔湖地区。关于柔然族的起源有多种说法，如东胡苗裔、鲜卑分支、匈奴别种。北魏蔑称其为“蠕蠕”，意思是如虫类，北齐、北周时才改称为“茹茹”。第 18 窟题记中既称“大茹茹”，那么凿刻题记的时间就有一个大致范围了。

柔然的首领被称为“可汗”，可汗的妻子被称为“可敦”。

有学者推测，此龛是柔然人在太和十年之后、十六年之前雕凿的，可是太和十九年迁都前，作为皇家石窟之一的第 18 窟入口位置，柔然人能够恣意雕作，并听由其自诩“大茹茹”吗？恐有冒犯不允吧，也不符合常情，遑论“茹茹”称谓的启用时间了。所以，此题记应发生于北魏迁都、平城沦废之际，尤其六镇荡乱后，柔然开始称雄漠南，“统率北方，颇为强盛”。正光六年（525），柔然可汗阿那瓌

图 118　第 18 窟窟门西壁大茹茹题记造像龛

应北魏王朝之邀，率众10万人自武川西向沃野，助魏镇压六镇起义，此时的柔然兵马可以长驱直入平城，自由驰骋于武州山，期间在云冈第18窟刊刻“大茹茹”造像龛铭就是顺理成章的事了。在云冈，大多数造像龛龛基题铭处并没有实际题字，而只是象征性地留下一个空方块，除了石质原因不宜刻字外，另就是工匠固然雕技精湛，但不识字或不通文法，铭文要靠书经生拟出后，再由工匠直接贴到石壁上凿字，如此折腾费难，题铭处就空落下来了。再说第18窟“大茹茹”造像龛铭，兵荒马乱之年，柔然人不可能久留云冈，他们应该是利用了第18窟窟口西侧早已存在的龛像空白题铭石，临时动念刊刻文字，表达了阿那瓌皇后的愿望。

◎不可错过　明窗西壁　1500年前的楔子

第18窟的明窗在云冈可以说是最大不过，在窟外就可通过窗口观佛大半。

明窗两侧壁面左下段开窟时就出现了很大的裂隙，北魏开窟时，工匠就针对西壁裂隙采用两枚燕尾榫绞铁进行加固补救（图119），随后开凿的千佛龛均避让裂隙和绞铁分布，这是现今能够看到的北魏时期石窟保护的最重要实例。

图 119　第 18 窟明窗西壁的楔子

第 19 窟：冷凝中的温情

该窟为昙曜五窟中最大的一个洞窟，布局奇特，窟外东西两侧各开一耳洞，窟内各有一尊倚坐佛像。

第19窟窟前曾发掘出土过北魏时期的檐头筒瓦及瓦当，窟室内另发现辽代的铺地砖，证明北魏时期该窟前有窟檐建筑，辽代进行了再修工程。

北壁主尊佛像结跏趺坐，高 16.8 米，为云冈石窟第二高佛像。佛尊耳轮齐肩，下颌崩毁，举右手，肘下雕小柱支撑。衣纹简洁明快，轻薄贴体，搭覆右肩的袈裟边缘，浅浮雕折带纹饰。

南壁有云冈出现最早、画面最大的故事图“罗睺罗因缘”（图 120），画幅高 3 米，佛陀立于莲台上，面庞丰圆，法相慈和，体魄挺拔伟岸，着通肩式袈裟。罗睺罗单腿半跪，合掌礼佛，佛陀正以无量劫中所修功德相轮之手摩罗睺罗头顶，为他授记。据佛经讲，释迦重返迦毗罗卫故国时，神变出 1250 个佛身，光相无异，试探罗睺罗能否从中找到唯一的父亲真身，罗睺罗果然不受蒙蔽，径直走向佛足旁跪礼。画面构图简明凝练，突出表现了父子相见的主题，让冰冷的石窟中荡漾着一种人间温情。

图 120　第 19 窟南壁“罗睺罗因缘”故事图

东耳洞佛像约与主窟同期完成。西耳洞受第 20 窟崩塌时的牵力影响，窟门、明窗均坍毁，佛像耳郭宽大垂肩，左手抚膝，右手上举，着褒衣博带式袈裟，裙摆弧形垂落，裙角外侈，这是云冈中期佛像服饰样式（图 121），说明西耳洞的完工时间拖至中期较晚阶段。方形佛座下雕一组供养人像，侧身而立，头戴进贤冠，身穿交领袍汉式服装，属北朝贵族。

◎不可错过　南壁窟门东侧　小沙弥

南壁窟门东侧佛龛外，有一剃发形小沙弥（图 122），双眼微眯，笑容谦和率真，口小唇薄，满脸稚气，显示出忠厚憨直的人物个性。通肩僧衣，左手提瓶而立，右手持莲置胸，裙底边雕饰细密的波纹，大足。此像是云冈石窟弟子雕刻中的精品。

第 20 窟：露天大佛——公元 5 世纪的杰作

该窟位于昙曜五窟的最西端，露天大佛已成为云冈石窟雕刻艺术的代表与象征，也是中国早期佛教雕刻艺术的杰作。最初，该窟亦是一座有窟顶、窟门及明窗的完整洞窟，由

图 121　第 19 窟西耳洞佛像

图 122　第 19 窟南壁小沙弥

于外立壁意外崩塌才导致佛像露天。大佛结跏趺坐，头顶有高肉髻，广额丰颐，眉间有白毫，鼻翼高耸，嘴角微微上翘，两侧特别表现了八字髭须，身躯挺拔健硕，气韵雄放，法相庄严（图 123）。身着袒右式袈裟，质地厚重，衣褶用曲回的折带纹表现，较多地保留了中亚犍陀罗艺术的特点。胸部以上的砂岩泛白色，该窟旧时也俗称“白佛爷洞”。

大佛东西两侧各雕一立佛、一立菩萨，其中西立佛及菩萨像仅存残迹。

北魏时期，第 20 窟建有台阶，但一直掩于废土中，20 世纪 90 年代初窟前考古发掘时才被重新发现。在这里，历次地面清理发掘工作还出土了大量千佛石块和少量造像残件以及木构建筑上坠落的瓦块，它们都是北魏时期的遗物，同时也有部分辽代的沟纹砖地面。包括著名的北魏景明四年（503）比丘尼昙媚造像碑，也是在 1956 年修整第 20 窟前乱石场地时发现的。北魏、辽、金时期均在第 20 窟前修建过木构建筑，窟前地面基岩上的大柱穴与立壁上的长方形梁孔相对应。

第 20 窟前出土的大量千佛残件表明，该窟外壁崩毁前布满千佛雕刻，在昙曜五窟外壁雕饰千佛，是北魏迁都洛阳

图 123　第 20 窟露天大佛

前最后一次大型皇家工程，既然如此，第20窟的倾圮时间就不会早于迁洛前。考古发掘证明，第20窟外壁坍塌后，工匠曾数次尝试修复。

那么，第20窟前立壁因何崩塌？何时崩塌？崩塌前是什么模样？崩塌后的雕像去了哪里？

我们现在仍然可以观察到，有一道东西方向走势的紫红色软松岩层横贯武州山中部，这种岩层结构疏松、硬度低、抗风化能力弱，遇水后容易自行分解，凡其经过之处，不是石崩岩裂，就是佛残像灭，第20窟大佛胸部以下、东立佛颈部以下，就都呈现出深褐色的碎渣状。脆松的泥岩层不足以支撑上方的重量，更无法支撑窟前建筑横梁对前壁造成的负荷，再加上崖壁原生的卸荷裂隙、岸边裂隙、层理裂隙等

云冈窟前的原有建筑

云冈第1窟至第20窟的外崖壁上，可以看到排列有序的方形梁孔，地面上还有对应的柱础，虽在硬化路面时将其覆盖，但特别留出了标识。考古发掘结果证实，北魏开窟之初，窟前曾有“因岩结构”、前木后石的建筑；辽代，云冈仍有十大寺院矗立。辽末保大二年（1122），金兵攻辽，云冈十寺横遭焚劫，“灵岩栋宇，扫地无遗”。及至清代，先后重新修建了第7、8窟与第5、6窟前的木构建筑。

逐渐扩大，最终引起岩体自身重力压迫，顺着裂隙剥离形成坍塌病灶。古人已经认识到软松岩层的危害性，第 20 窟北壁菩萨身上有两个较大的凿洞，环绕大佛身后挖成隧道，但此隧道非诵经绕行之用，而是为隔离山体渗水实施的破像凿洞舍卒保车的无奈之举，古人已经意识到这样可使洞窟中泥岩酥化的程度大大降低，同时也能减轻山体渗水对大佛造成的侵蚀危害，能对佛像起到一定的保护作用。

北魏延昌元年（512），一场震级估约 8 级、烈度约 11 度的大地震发生，震中正在大同盆地，据考：破坏面纵长为 180 公里。这次强震对第 20 窟构成致命一击，山撼岩裂，土石翻飞，龛像崩毁，今天第 20 窟的外观，基本上就是当时震后的样貌（图 124）。

◎不可错过　西壁　永远的西立佛

一般的讲解版本，甚至大部分学者都认为：第 20 窟西立佛是在该窟发生坍塌事件中同时崩毁的。

历史的脚本却超出我们的想象。

从现存西立佛的双脚及莲台残迹看，当时该像已竣工，只是自颈部以下无可避免地遭遇了泥岩层，尽管如此，工匠还是执着地在泥岩层面上进行了雕刻，但后期萌生了取

图 124　云冈第 20 窟坍塌后的状况（水野清一、长广敏雄《云冈石窟》第十四卷，日本京都大学人文科学研究所，1952 年）

石替换重组的念头。大约在北魏永平末年（511—512），留居平城的官吏开始对西立佛进行抢险修复的大型工程，他们已经将立佛颈部以下、双腿以上的泥岩石全部切割下来，铺在窟前地面上，准备将加工好的石块重新拼接到佛像身上。用新石块替换原先松散的岩块，连接稳固后再行雕刻，这是北魏时期解决开窟过程中遭遇泥岩层的通行办法。第18窟主尊腿部、第19窟主尊胸部都有明显“搭桥”的后补石块。谁也没想到，延昌元年破坏性大地震发生了，倾圮的窟前建筑物掩埋了那些石块。强震过后，绝望的人们彻底放弃了修复计划。那些深藏在地下的石块，缄默了1500多年。

1992年的考古发掘中，在第20窟西侧坡地的探方内意外发现130多块佛像衣纹石块，它们全部被掩在厚约1.4米的北魏红烧土中，呈东西向堆放（图125）。它们虽然大小不一，也没有排列顺序，但可以看得出是古人特意集中放置在这里的。石块的形状大多为方形，表面残留土红色，衣纹雕刻手法娴熟，线条流畅，纹理清晰，与第20窟现存的东立佛衣纹样式一致。最令人注目的是：绝大多数石雕背顶及两侧都凿出两三个榫卯口槽，槽的大小、深浅不一，据石块大小而定。另有几块石雕在上下方都开有槽口，它们应该是

图 125　第 20 窟西侧坡地石雕发掘现场

起连接作用的构件。榫卯口槽的存在，说明这些石雕残件曾经进行过拼接（图 126）。还有一些残石表面坑洼不平，无任何雕刻，甚至没有严格意义上的平面，只有槽口，是用来“搭桥”连接其他雕像的配件。所以说，第 20 窟西立佛不属于完全意义上的崩塌，除了头部不翼而飞、右臂去向不明之外，身体雕刻部分在震前就已切割下来，等待修补后重新安装。这项重大发现对于探讨认识第20窟崩塌之谜具有重大意义。目前，科技工作者结合数字技术手段，正在拼接“复活”第 20 窟西立佛（图 127），相信不久后，西立佛将重新矗立，再现昔日荣光。

西立佛腹部衣纹顶面

西立佛腹部衣纹正面

西立佛腹部衣纹顶面

西立佛腹部衣纹正面

西立佛腹部右侧衣纹顶面

西立佛腹部右侧衣纹正面

图 126　第 20 窟前出土的榫卯口槽石块

西立佛腹部右侧衣纹顶面

西立佛胸腹部右侧衣纹顶面

西立佛腹部右侧衣纹正面

西立佛胸腹部右侧衣纹正面

西立佛左手局部及胸前衣纹顶面

西立佛左手腕部及左臂衣纹顶面

图 127　第 20 窟西立佛碎片拼接复原图

西部诸窟

太和十七年（493）六月，孝文帝外示南讨，兵据洛阳，实质上是在部署迁都计划。次年冬十月，正式迁洛，北魏平城时代终结。迁洛后，伊阙石窟营凿工事尚未全面铺展，至少在宣武帝永平（508—511）之前，平城雕刻匠艺系统的实力及其完整性未曾削弱，平城旧都的佛事活动亦未衰落。即便到了熙平年间（516—517），平城依然维持着旧都风貌，武州山崖畔，镌窟凿龛之声仍不绝于耳，一直持续至孝明帝正光年间（520—524）。

果然，武州山第20窟以西石质条件最差的地段留给了云冈晚期，一道泛紫红色的软岩层当山腰穿过，泯灭了所有发愿者开凿大窟的执念。为规避软岩层之危害，西部诸窟全部开凿在软岩层带以上，使这里形成了一个高台区（图128）。云冈晚期营凿工程始于太和十八年（494），终乎正光年间，时间跨度30年之多。功德主由前期声势浩大的皇室一改为留居平城的中下层官吏及百姓，身份不同了，开窟目的自然不同，洞窟的功能与性质也发生了变化。西部窟群共有主要洞窟25个、附属洞窟73个，基本上以单窟室的中小型洞窟为主，四壁三

图 128　第 20 窟一侧的西部诸窟　笔者摄

龛、三壁重龛、方形帐式龛等都是这一时期流行的窟龛样式。

第 21 ~ 31 窟：在佛一方

第 21 窟　位于第 20 窟之西，洞窟高度与露天大佛胸部等齐，站在这里观佛，会获得不一样的精神感受。该窟前立壁及窟顶早已崩毁。北壁圆拱龛雕饰华丽，龛内二佛并坐，是晚期洞窟中最高大的造像。西壁有秩序地排列五层龛像，

图 129　第 21 窟东壁佛龛

每层并列三龛。东壁由下向上可分三层，第 3 层盝形龛内一交脚菩萨（图 129），头戴三面宝冠，正面莲形圆盘中雕化佛，冠顶沿袭前期仰月装饰。菩萨面部饱满，额留辫发，额广而平，弧形长眉，细目垂视，神情温和俊逸。颈饰项圈，右手并拢上举。帔帛交叉下垂，裙摆披于狮子座上，二狮蹲伏状，头微昂，大眼圆睁，方口，吐舌露牙，胸部鬃毛雄武，前爪扣地，威力勇猛。龛楣格内各一高发髻伎乐飞天，穿对襟短襦，长裙裹足，演奏筝、腰鼓、担鼓、筚篥、琵琶、横笛乐器。

第 22 窟　洞窟毁坏严重，前立壁早年坍塌，20 世纪后

图 130　第 22 窟北壁佛龛

期用混凝土重砌。北壁龛内二佛并坐，佛像眼睑鼓肿，无眼线，服饰不刻衣纹（图 130），这种雕刻风格虽不是云冈晚期的主流，但多处可见，并普遍见于河南巩义石窟寺中。龛柱雕作一对形体修长、具涡卷的立柱，富于异域情调。龛楣拱尾二龙回首反顾。

第 23 窟　北壁佛像舟形三重背光直抵窟顶。西壁下层设低坛，坛上并列二立佛（图 131），高 2 米，其中右立佛早年被盗。窟顶方形委角，两朵团莲横向并列，莲房为素面圆盘，中心凿小孔，外两层均饰莲瓣纹，莲瓣丰厚饱满。在莲花与主像背光形成的空隙间，巧妙地雕出两对飞天，拉长

图 131　修建后的第 23 窟西壁，1933 年林徽因曾坐在断壁上留影

身臂共托日轮（图 132），姿态舒展，夸张自如。

第24窟　窟平面呈方形，三壁三龛式布局。窟顶近方形，九格平棊，中心格内为一复瓣莲花，其余格内充以飞天。后世村民炊厨烟熏使整个顶部泛黑色，经年至久，如污油腌渍一般，浸损不堪。飞天头梳高髻，脸型趋长，鼻直，表情淡泊。身躯修长，上身穿对襟短襦，一手按掌，一手

图 132　第 23 窟窟顶飞天

持物，双腿屈回，长裙裹足后高高耸起，形如羽翼。帔帛迎风舒卷，每个角落都充满飞翔的意趣。

第 25 窟　西壁圆拱龛装饰华丽，龛内雕一坐佛，龛外两侧各一立侍菩萨，右胁侍菩萨颈部以下残毁，反而彰显出头部之美：菩萨头戴山岳形宝冠，冠正面三角形叠压圆莲，具尖桃形头光。额前头发“人”字形分梳两侧，面颊略显丰长，耳长大，细眉上挑，双眼微眯，唇薄。窟顶九格平棊，中心格内雕二龙反首交缠，独角，圆眼，耳尖长，露齿，上腭长卷，腿短粗，肢体、肘毛有叶纹化倾向。四角格内雕飞天，其余雕团莲。飞天或托月，或托日轮，翻飞的帔帛偶尔打破边框，但视觉上没有丝毫的不适。凡格内雕刻莲花者，四角均装饰三叶忍冬，形如飞鸟（图 133）。

第 26 窟　四壁三龛式布局。北壁雕凿流行于延昌年间的折屏式盝形龛，龛内二佛并坐。西壁为交脚弥勒与释迦多宝二佛并坐像组合形式。东壁与西壁大致对称。窟顶九格平棊，中心及四角格内雕团莲，莲瓣清晰。其余格内雕飞天，头梳高髻，穿短襦，手托莲蕾，下着裙，不露足，态势飘逸。

第 27 窟　窟平面呈长方形，平顶，四壁重龛式布局，北、西、东壁面均分三层像，最下层供养人像环绕全窟。北壁中层并列三龛，为一坐佛二倚坐佛造像组合；上层并列三龛，

图 133　第 25 窟窟顶飞天

均雕交脚菩萨。西壁并列二盝形龛，龛内分别雕坐佛、交脚菩萨，菩萨头戴三面宝冠，面部丰长，帔帛搭肩而下，下摆散披方形台座。菩萨身姿挺拔端庄，表情沉着凝重，面部一道裂隙（图 134），让当年准备整体端掉该像的盗贼放弃了偷窃计划。东壁与此相对的交脚菩萨像就没那么幸运，整像被挖取，现藏于美国纽约大都会美术馆（图 135）。窟顶九格平棊，中心格内雕莲，其余格内雕伎乐飞天，可辨识排箫、横笛，乐伎头梳高髻，脸形修长，天带绕臂，裙摆翼状裹足。

第 28 窟　四壁三龛式布局。为回避软岩层，该窟距地

图 134　第 27 窟西壁交脚菩萨像特写　图 135　第 27 窟东壁被盗交脚菩萨像

面提高了近 0.5 米开龛造像。北壁圆拱龛内雕释迦、多宝二佛并坐像，应受洛阳影响，选择在龛楣中央设方形题铭，文字漫漶不清，大意是老李自愿为亡妻敬造龛像。西壁圆拱龛楣外两侧雕“逾城出家”“犍陟吻足”佛传故事图。

第 29 窟　北壁上下重层布龛。上层并列三龛，中为盝形龛，内一倚坐佛，两侧各一宝盖龛，内一交脚菩萨，左右各一思惟菩萨，头戴冠，身形瘦长，一手支颐，一手自然垂搭腿上。盘翘一腿，半跏坐于束帛藤座上，姿态优雅。菩萨身披帔帛，大裙贴腿，下摆呈尖角形，整体造型结构显得非常稳重厚实。西壁下层并列二龛（图 136），右龛虽毁，但龛楣龙首反顾残存一半，此龙眼大，耳小，上腭倒卷，方口，露齿，腿短粗，身上用阴线刻出蜷纹。左龛楣尾则雕金翅鸟，头顶冠，颈部及尾翼雕饰羽鳞片，翅翮双振，尾翼高翘，双爪扣地。窟顶平綦九格，中间正方格内为团莲，其余格间雕伎乐飞天，头梳高髻，手执琵琶、横笛、腰鼓等乐器，上着对襟短襦，下着长裙，裙裾裹足，曼妙飘逸。

第 30 窟　平面方形，三壁重龛，平顶，一门一窗。西壁下端距地面较高，同样是在回避软岩层带。分上下两层开龛，上层三龛三佛，中央帐形方龛略宽，内一坐佛，龛楣波状帷幔以三兽面装饰固定，兽首头顶圆秃，前额均有三条雁形阴线贯通，似为虎面（图 137），“虎者，阳物，百兽之长也，能执搏挫锐，噬食鬼魅”，取其辟邪逐疫之功能，亦兼渲染法相庄严之意涵。左侧方龛内立佛像被整尊挖盗，曾为法国巴黎古董商 Charles Vignier 旧藏，现藏于法国吉美博物馆。

第 31 窟　这是云冈晚期洞窟中唯一具前后室形制的佛殿窟，洞窟前立壁及前室窟顶早年均已坍塌，20 世纪 90 年代新修为三门三窗。该窟显然受第 12 窟设计思想影响，窟内通往后室的窟门两侧壁各有一护法力士，顶部雕交龙。后

图 136　第 29 窟西壁龛楣瑞兽

图 137　第 30 窟西壁佛龛

室南壁东侧雕降服迦叶图，众梵志穿行山峦间，或持瓶倾水，或攀梯运水灭火。西侧雕降魔成道图，托举山岳的魔军居中，为表现其力大无比，全身肌肉十分夸张地隆起，山似元宝。

第 32–10 窟：摩崖上的维摩诘

第 32 窟东侧外崖壁上方的长方形浮雕就是第 32–10 窟（图 138），画面右端雕攒尖顶方亭，顶饰花蕾、宝珠状及金博山，亭柱间悬挂垂幔。亭内，维摩诘宽衣博袖，尽管已

图 138　第 32-10 窟“香积品”浮雕故事图

风化，也可从轮廓看出其左手执麈尾前伸。帐外的法树下，聚集了很多天女，她们均面东拱手而立、瞩目致礼，这表现的是《维摩诘所说经》中“香积品”的故事内容。佛经讲：维摩诘正与文殊菩萨论法，听讲的舍利弗走思了：现在已到中午时间，众菩萨及声闻弟子加起来上百人，这不着边际的地方，午饭怎么解决啊？此念一动，维摩诘就知道了，他运用不可思议的神通力，当众示现自己的化身菩萨去“众香国”请香饭供诸闻法菩萨用食。化菩萨用钵盛满饭返回的时候，米饭的香气令整个毘耶离城及三千大千世界都闻得到。可是，一钵饭怎么能供众人吃呢？见大家心中存疑，化菩萨说：“你们千万不要以声闻的小德小智来看待如来的无量福慧，如果说四海也有干涸的时候，那么这碗饭无论什么情况下也不会用完。即使天下人一起来吃，每人取一团，每团有须弥山那么大，一直吃下去也不会食尽。为什么呢？因为这是众香国具有五分法身功德的大菩萨所余下的香饭。”

亭顶上方共有3身飞天驰翔，其中两身飞天体形较大，天带灵动，她们手捧圆钵，侧脸端视亭内的维摩诘尊者，此捧钵送香饭的两身飞天，一是维摩诘的化身菩萨，另一是众香国随行的菩萨。此外，树冠上方还有一体形较小的飞天，准确的说是一莲花化生童子，他左手上举，右手单托一物，也类似饭钵，强调的是净土之饭。画面左半部崩毁无存，估计是文殊菩萨出场的阵势。此浮雕故事图布局形式独特，人物造型灵秀飘逸，应是受到来自洛阳地区粉本的影响。

云冈晚期，净土信仰开始在平城传播并流行，洞窟中屡见“托生净土”“愿托生西方妙乐国土，莲花化生”“长辞苦海，腾神净土”等造像题铭。作为大乘经典的维摩经本身即蕴含着深刻浓厚的净土思想，此时的维摩信仰显露出由崇尚玄学清谈转向对来世佛国净土的追求，特别是关于“诸余净土之所无有”的众香国“香积品”故事图，不但场面大，人物亦多。

第33窟：佛教的门槛只是一捧土

四壁三龛式布局，软岩层横断该窟壁面，岩体裂隙多，渗水异常活跃。在风化水蚀的作用下，北壁大部分造像已漫漶不清，圆拱龛外左侧可见一菩萨、一弟子造像组合，菩萨在前，眉清目秀，身材窈窕；弟子伴后，浓眉大眼，眼窝深陷，颧骨凸出，脖颈隆起，神态沉着，充满睿智，合掌面向龛内的佛尊。

西壁壁面右半部整体崩毁。受软岩层影响，圆拱龛内的交脚佛头部已毁失，龛外左侧雕阿输迦施土缘故事（图139、图140），这是云冈晚期最常见的故事题材之一。据佛经讲：一天，佛在舍卫城乞食时，遇三小孩在路边用土堆砌“粮仓、谷米”玩耍。其中一孩遥见佛来，敬心内发，捧出“谷米”施佛，因身矮不及，就攀登另两孩的肩膀举向佛钵，佛垂钵应接。这个小孩就是后来古印度孔雀王朝的第三位君主阿育王。画面中，立佛头部已被盗，佛像通体舟形背光，左手上举，右手持钵低垂下就三童子。身形较大的童子

图 139　第 33 窟西壁“阿输迦施土缘”故事图

图 140　第 33 窟西壁“阿输迦施土缘”故事图三童子（局部）

双膝跪地，以双手撑地，一童子一脚踏其腰，一脚蹬其肩，双手捧土欲投入佛钵中，地上站的另一童子正用手作扶护状。沿佛像背光上方左侧纵列三飞天，头梳高发髻，上穿对襟短袄，下身大裙裹足，姿态灵动，回翔浮荡。他们手姿各异，最下方的飞天右手托钵，与阿输迦施土缘的故事主题相契合。在佛教看来，施土与莲花供养一样，都是植善根的表现。你看，佛教的门槛够低吧，施一把土便可求得佛的授记，这就是佛教的诱惑力。

第 34 窟：飞天的轮回

第 34 窟属四壁三龛式布局，东壁和窟门所在的南壁以及整个窟顶均已坍塌，1995 年重建加顶、设门。北壁受软岩层侵扰，毁损严重，不过尖拱龛楣外右上隅的飞天雕刻至少在 40 年前还是完整无损的，她神情幽雅、丽舞虚空、帔帛舒缓轻扬，具有含咏不尽的意境，曾是云冈飞天的代表作（图 141）。然而几十年过后，她终是没逃过大自然带来的厄运，被风化水蚀磨灭得体无完肤，如花败般凋敝（图 142），能挽住她最后美丽的也只有当年的那些照片。她本由石头来，经艺术加工脱胎为飞天，现在又回归为岩石，权算是石头的轮回吧。

幸好，西壁圆拱龛楣外两侧的飞天现在看起来还安然无恙，无论从艺术角度还是从美学理想去审视，她们亦不逊于北壁飞天。二飞天高发髻，眉目细长，直鼻，长耳。圆领内衣，半袖短袄，对襟，宽袖口，下穿大裙，裙摆裹足。左手扶胯，右臂前探推进，帔帛绕臂，身材比例修长（图 143）。

图 141　第 34 窟北壁飞天旧照

图 142　第 34 窟北壁飞天现状

图 143　第 34 窟西壁飞天

第 35 窟：延昌年间的经典洞窟

这是一个中等规模的洞窟，从窟内题材内容设计到雕刻技艺表现，可谓云冈晚期上乘之作，表明此窟功德主拥有不凡的身份与地位。窟门雕饰忍冬纹，两侧各有一立菩萨像，今已风化漫漶。窟门东壁延昌四年（515）造像龛题记犹存，内容为：

比丘□□」比丘■■」■■惟大代延昌」四？年正月十四」日，恒雍？正？」□□尉都统」华？堂旧宫二」常？

主匠，为亡」弟安？凤翰」造弥勒并七」佛立侍？菩萨。」比丘道□□化？□□幹」沙门道初。

此题记应刊刻于第35窟整体工程完工之后，说明该窟的营建时代在延昌年间。明窗两壁分别雕刻骑乘孔雀与神牛的天王。

窟内最下端环绕四壁布列供养人。西壁帷帐内雕一排女性供养人，头梳髻，着交领宽袖衣，下穿裙，腰束带，合掌面北而立；东壁是一组男性供养人，头戴进贤冠，身穿大袍，袖口宽博，足蹬高履，合掌面北拱立。南壁窟门两侧的男女供养人像突破了通常千面一孔、千姿一态的程式，东侧男性供养人中，排在最前面的两人转身回望，似在与后面的人说话（图144）；西侧女性供养人中，排在最前面的一人转身似与后面的人窃窃私语（图145），神态娴雅，人物之间相互呼应，具有浓郁的生活气息。

西壁盝形龛内雕一倚坐佛，头部被盗凿，双手毁失。佛像外覆褒衣博带式袈裟，胸前结衣带，下衣“八”字形裙摆作三重。龛外两侧各一胁侍立菩萨，手托博山炉与摩尼珠恭虔供养。龛楣格内高发髻飞天回首低目，一手搭扶龛格边框，一手向后撑掌，姿态舒展。楣外右上隅可识“逾城出家”佛传故事图，画面中，太子骑乘马背上，马匹被凿毁，下端四

图 144　第 35 窟南壁东侧供养人

图 145　第 35 窟南壁西侧供养人

飞天捧托马蹄（毁失一），后面有一天人形体高大，执持伞盖，他应是佛经中所说的帝释天。

东壁盝形龛内雕一交脚菩萨，两侧各一思惟菩萨（图146）。交脚菩萨头戴三圆化佛宝冠，戴项圈，胸佩璎珞，双手残断，帔帛穿圆环低垂于两腿间，坐方形台座上。右侧半跏趺坐思惟菩萨头冠雕饰简洁，额前头发“人”字形分向两侧，细眉，双目垂视，呈思索状，直鼻。造像面型略长，刀法简约。左侧思惟菩萨与右胁侍菩萨对称布局，除冠饰及面部上半被毁外，周身完好。菩萨头微侧倾，神情宁静，彩绘圆形头光，色调古雅。右手上举以食指支颊作思惟状，左手轻抚右腿面，半跏趺坐于束帛座上，跣足，身后有靠背。此处特别注意盝形龛楣外右上隅，这里原有一幅“舍身饲虎”本生故事图，画面中可辨识一大虎、四小虎，小虎崽一字横排跃身作舔舐状（图147），如今，这些雕刻内容已荡然无存，幸好有一张20世纪80年代的照片能见证这一故事图像。龛楣外左上隅雕“涅槃”图，释尊头南脚北平躺于舟形寝台上，双臂紧贴两侧，身体垂直。围绕佛像周围的举哀人物，均披头散发，他们或振臂高号，或手抚佛足，或牵引佛臂，显得十分冲动和绝望，可能表现的是居住在拘尸那罗城附近的末罗族人。与他们形成强烈反差的是下方的五弟子，他们对佛

图 146　第 35 窟东壁

图 147　第 35 窟东壁“舍身饲虎”本生故事图旧照

的涅槃是有预知的，所以显得相对平静，其中一人伸出右手托扶佛的头部。

南壁下层东侧雕“降服迦叶”佛传故事图。圆拱龛内一坐佛，头、手均毁，龛外的山脉已延伸至龛内两侧，头梳高发髻的外道正持水瓶倾水。龛外围被山峦整体环绕，救火的人们背着水罐缘两架长梯攀爬。山体一面陡立、一面驼峰状向下缓滑，山顶呈圆凸状，沿袭了云冈中期山岳的做法。山间，鹿、狮、虎、狼等动物或回首，或仰啸，动作机敏灵活。众外道有的持瓶浇水，有的背着水罐正大步流星地赶往火场。有一比丘身着通肩僧衣，左手提瓶，右手执锡杖扛于肩上，杖头“圆如盏口”，下穿长裙，足蹬履（图 148）。

南壁下层西侧对应雕刻“降魔成道”佛传图。圆拱龛内一佛跏趺坐，龛外以上方举山的魔军为中心，四周布满魔众，皆逆发形，全部穿交领汉服。魔众中羊首、马首、牛首、猴面、象面一应俱全，举山、抱树、捉蛇、挥棒、投石、射箭各展攻势。龛外左下方是魔子劝谏的情节，魔王头戴尖顶虚帽，穿圆领对襟短袖袍，魔子头梳高髻，并特别配置圆形头光，魔王欲拔剑威逼释迦，魔子用手去按止父亲的胳膊。龛外右下角代表欲望之神的三魔女已被释迦化为老妪，颈部全都长出圆形的巨瘤。

南壁上层西侧雕“儒童本生”故事，佛像足部以上雕刻全部崩毁，仅存身形轮廓，通体素面舟形大背光，背光两侧胁侍为一弟子一菩萨造像组合，弟子在前，身形矮于菩萨。左胁侍菩萨下穿裙，右胁侍菩萨上半身崩毁，下穿百褶裙，较为特殊。佛像立于低台上，右下角有一人五体投地，头部毁失，一绺粗圆的发束通过台面披布佛足下，令佛蹈之。

延昌中，宣武崇佛，天下州郡僧尼寺达一万三千七百二十七所，徒侣逾众。延昌虽仅历短短四年（512—515），却是云冈石窟雕凿历程中由盛转衰之际空前活跃的四年，第 35 窟便是这段营造史中那闪最后的熠耀。

图 148　第 35 窟南壁“降服迦叶”佛传故事图

第 36 窟：纵条形平棊顶

此属三壁重龛式窟，北壁上、下两层布龛。下层圆拱龛内一佛二菩萨造像组合；上层盝形龛为一交脚菩萨、二半跏趺思惟菩萨、二弟子造像组合。

西壁可能顾及软岩层的影响与危害，包括东、南壁都没有像北壁那样从底部开始凿龛，而空出一段壁面，环三壁雕一层合掌胡跪的供养天，然后才向上继续开龛造像。西壁下层盝形龛包括龛内倚坐佛像的服饰、台座等细部均只初步完成，尚待雕琢打磨。佛像背光上的石绿、赭色彩绘盖辽代所为。龛楣外上方的比丘、供养天形象均不开面，如剪影般。上层圆拱龛内一坐佛，龛前雕圆形法轮，此为表现“鹿野苑初转法轮”的佛传故事。

东壁下层 4 身供养天，头梳三分式高发髻，面相修长，身穿通肩衣，合掌胡跪，身形圆润。

南壁明窗西侧立佛早年被盗，20 世纪 30 年代为美国华侨周锐购藏，后转陈哲敬递藏。2006 年，陈哲敬捐赠中国国家文物局，现陈列于国家博物馆内。

窟顶是云冈唯一的纵条格平棊顶，中间纵格内雕 2 朵复瓣团莲，两侧纵格内各雕 1 身高髻飞天，一托博山炉，另一

图 149 第 36 窟纵条形平棊顶

托摩尼宝珠（图 149）。飞天身着短襦，宽长的袖口随长裙后曳，裙摆翻卷裹足。

第 37 窟：逆向的佛传故事图

这是一个按原计划完工的四壁三龛式洞窟，全窟布局井然有序。窟平面呈方形，龛底供养人行列环绕全窟。北壁盝形龛内雕一交脚菩萨，龛楣外原有雕刻已风化剥落，内容不明，最初很可能像东、西壁龛楣外两上隅那样配置有佛传故事图。

西壁圆拱龛内一佛跏趺坐，龛下半部遭遇软岩层，剥蚀崩毁严重，不过龛外两侧下端带着驼队的供养群幸存下来，三匹驮着物品的骆驼静静地跪卧在龛底，举头作聆听状。二供养者一前一后双手合掌胡跪其间，可知这是“商主奉食”故事内容。龛楣内正中出人意料地雕一尊左手持钵的坐佛，或与此龛的故事主题有关。

东壁圆拱龛内同样雕一坐佛，头部被凿毁，背光中所用石绿彩绘的网目纹和长形菱纹是辽代流行的花纹。佛座前可辨一鹿，应该是“鹿野苑初转法轮”的佛传故事。龛外两侧分层雕供养天众，合掌胡跪礼佛。

第 37 窟佛传故事图雕刻非常突出，但其排列顺序又十足奇特，故事由东壁最南端开始，转经北壁，尔后再接西壁，画面内容分别为乘象投胎、佛诞生、灌浴太子、掷象、箭射铁鼓。整个故事情节呈逆时针顺序发展，与佛家讲究的右旋禅观相左，其用意不解。

东壁“乘象投胎”故事图别具匠心（图 150），画面中的摩耶夫人侧卧榻上，右上角有一大象俯冲而下，背上雕一人，怀抱童子状小佛像。榻下，诸乐伎共奏天乐，赞颂这一神圣时刻。这一故事图题材常见于犍陀罗，一般表现为一大象卷鼻屈腿由上而降，与佛经中“菩萨化作白象”托生母胎

图 150　第 37 窟东壁“乘象投胎”佛传故事图

相吻合。在中国，工匠对这一故事图进行了艺术加工，在大象背上雕刻 1 身菩萨，这样，投胎就更具象化了。第 37 窟中的此图，不但在象背上刻出了菩萨，其怀中还另外雕刻了 1 尊象征胎儿的小佛像，真是富于想象，妙趣横生。

盖因空间所限，紧接“乘象投胎”的佛诞图仅以一复瓣莲为寓意，当然，也可视为“七步莲花”。若非出现在此连续的佛传故事图中，这朵半圆形的莲花就无从谈起这样的佛传故事意涵了。其实，早在公元前 1 世纪古印度佛陀的“象

图 151　第 37 窟西壁“掷象”佛传故事图

征时代”，就常以一朵莲花或一株无忧树表示佛诞生。

西壁佛龛左上隅雕“掷象”故事图（图 151），这一题材在云冈仅见于此。故事讲太子与提婆达多、难陀准备试艺订婚，比赛场地设在城外。那天，提婆达多最先出城，一头大象挡住城门，众人生畏，停下步伐，不敢靠前。提婆达多独自走过去，一手握住象鼻，另一手掌劈象头，大象应声倒地，大家绕过大象走出城门。稍后，难陀与众眷属走到城门，因死象遮挡城门妨碍通行，于是用脚尖将大象挑到路边。这时，太子在 10 万眷属的拥簇下来到城门，看见许多路人在道旁围观，便问："那么多人在看什么呢？"随从答："有大象堵在城门，先是提婆一掌将象劈死，死象躺在路上，妨碍通行。等难陀过来后，用脚尖将象移到路边，于是引发路人围观。"太子从车上下来，走到象前，单手将大象托起，一甩手就将其抛到一片阔地，大象应声落地后砸出一个深坑，非但毫发未损，反而复活如初，起身稳步离去了！现场所有的人见证了这一奇迹，叹未曾有。画面左端双手牵执象鼻的是提婆达多；中间为难陀，双手捧抱大象；右端为悉达多太子，伸直右臂以手掌承托大象。陇东王母宫石窟中心塔柱北面左侧亦见此题材，构图、人物姿态与第 37 窟别无二致，实为云冈的一脉传承。

第 38 窟：父亲的祭奠

第 38 窟开凿在距地面约 2 米高的外崖壁上（图 152），一般情况下无法近观，再加上洞窟高不足 2 米，进深 1.45 米，宽 2 米，容纳两人都困难，所以，此窟不能正常开放，但该窟题材丰富、布局严谨、雕技高超，是云冈晚期雕刻艺术的代表性洞窟，我们还是希望介绍给大家。

图 152　第 38 窟外景

第 38 窟属三壁重龛式窟，由洞窟外壁上方镌刻的“吴氏忠伟为亡息冠军将军华□侯吴天恩造像并窟”铭记可知，此窟是一位名叫吴忠伟的父亲为亡子吴天恩荐福所造。吴天恩，官从二品散侯爵位、从三品冠军将军，是云冈石窟目前已见造像题记中官职最高的人，死因不明。此窟镌凿动机明确——安死者之魂，慰生者之望，是生者为逝者设计建造的神灵归宿，是更高层次的精神墓室。铭记书体浑朴雄厚，文风感情深沉，意象明净潇散，特别是“长辞苦海，腾神净土”之句的出现，说明云冈此时开始流行西方净土崇拜。

一场生离死别的故事由北壁展开。北壁圆拱龛内雕释迦、多宝二佛并坐像，龛外右侧一倚坐佛用左手抚摩胡跪在身旁的比丘头顶，这是表现佛与儿子罗睺罗初次见面的因缘故事。龛外左侧，涅槃图赫然入目（图 153），释尊头朝东平躺在舟形寝台上，五名弟子披头散发，痛不欲生。寝台底端大迦叶胡跪，稽首佛足；寝台前，一比丘胡跪托抚佛头。壁面下层表现的是俗世的祭悼形式，方形题铭石两侧各有一幅橦倒伎乐图（图 154），这是百戏杂技项目中的一种爬竿活动，汉代称“寻橦”，南北朝称“缘橦”，佛经中则称“橦倒伎”。橦就是竿，树之，攀缘以为戏，伎人或在橦的顶端倒垂旋转，或由最高处速降，“突倒投而跟绁，譬陨绝而复

图 153　第 38 窟北壁“涅槃”佛传故事图

图 154　第 38 窟北壁橦倒伎乐

图 155　雁北师院北魏 2 号墓橦倒伎陶俑

联”，场面惊险刺激。橦竿旁叠罗汉式雕刻三层乐手，为演出伴奏助兴，极具生活情趣。橦倒伎屡见于平城地区的北魏墓葬中（图 155），是古人基于对侲童的崇拜与信仰，将禳鬼驱疫的功能赋予表演的侲童身上，以祈亡者进入冥界后无灾无殃，这与中国传统文化中“以乐却灾”的理念是一致的。第 38 窟结合了北魏墓葬文化的因素，在窟内选用橦倒伎乐图像，自然含有驱魔镇邪、令逝者往生净土的愿望。

东、西两壁最下层分别雕刻表现阿弥陀佛西方净土世界与弥勒兜率净土世界的音乐树（图 156），树的每一层柯枝

图 156　第 38 窟西、东壁音乐树

上以及花蕊间都雕刻手持乐器的乐伎，将树人格化，这是云冈石窟独有的音乐表现形式。按佛经中说，此树经风一吹就会发出微妙声音，闻此音者能彻底解脱生死之苦，获得常住佛国净土之乐。音乐树两侧雕供养人主仆像，男女分列，男性头戴进贤冠，着交领广袖长袍，腹部圆凸；女性梳“三分式”发髻，双手执长茎莲抄于胸前，着交领广袖长袍，雍容华贵。侍童头梳圆髻或双丫髻，身形矮小，执持伞盖随后。

南壁窟门东、西两侧纵列三层故事图，其中的“雕鹫怖阿难入定”因缘故事图出典于《法显传·王舍城》。故事讲的是王舍城西北有一石窟，阿难正于窟中坐禅，魔王波旬化作雕鹫，振翼惊鸣，恐吓阿难，阿难惊惧失措。佛以神通之力“隔石舒手”摩阿难头顶，阿难蒙慰，身心安乐。画面中，山峦间并列大小二龛，小龛内坐一禅僧，龛外右侧浅浮雕一棵树，龛顶正上方一鹫鸟陡然俯冲下来，欲攻击龛内之僧。大龛内，释迦佛不为所动，安然端坐，伸出右手穿透龛壁，抚禅僧头顶，令其镇静（图 157）。佛经中说：“为千佛授手，令不恐怖、不堕恶趣，即往兜率天上弥勒菩萨所。”此处特别强调佛陀救助修行者，使其消除心理的恐惧，其背后不无父亲对儿子亡灵的抚慰之情。

窟顶作横长方形格状平棊，中心饰一圆莲，内刻莲花化

图 157　第 38 窟南壁“雕鹫惊怖阿难入定”因缘故事图

生童子，外围雕一圈御龙仙人。莲之东侧是手托日月、乘孔雀的天人；西侧为手持细杖、骑乘大象的天人。周围十方格内各有一对伎乐飞天，或舞或乐，融为一体，具有流动回旋之美，使整个洞窟充满了动感与生机。

第39窟：神奇之塔

这是云冈晚期规模最大的洞窟，圆拱形窟门，门楣内雕饰对称排列的忍冬纹。出于窟内采光的需求，窟门上方凿出两个明窗。窟内五层方塔居中（图158），方形塔基。塔高6米，每层均分五间开龛雕像。各龛间雕出有收分的方柱，柱上雕枋。塔柱各层均出密檐、瓦垅，檐下施一斗三升与“人”字形拱，是对现实中塔的模仿。塔柱顶端造型极其特殊，两个四角凸出、类似金博山的方框相扣合，其间雕须弥山，山体束腰形，由类似相轮的圆形物紧箍，看起来有些像第10窟前室北壁二龙缠绕须弥山的匠意。最后，在方框的上面又雕出与窟顶相接的须弥山，山间可见树木等植物。

第39窟是经过统一规划设计营建的洞窟，中央雕塔柱，西、北、东壁千佛题材俨然有序。不过，该窟最终没有按原计划完工，窟门与南壁布局零乱无序，一些补凿龛像不是大

图 158　第 39 窟中心塔柱　赵钢摄

小不一、高低不等，互有打破甚至雕一半放弃，造成这种情形的主要原因还是石质。总的来说，第 39 窟塔柱建筑构件雕刻准确、保存完整，是研究中国早期佛塔的重要资料。

第 40 窟：最后的眼泪

这是一座四壁重龛式窟，壁面下层开龛雕像，上层满布千佛龛。西壁、南壁以及窟顶大部均已坍塌（图 159）。

图 159　第 40 窟内的村童　1933 年德国摄影家摄

东壁盝形龛内雕一交脚菩萨像，头戴三面冠，正面圆盘内雕化佛，顶饰日月。菩萨面型略长，额前头发“人”字形分向两侧。颈细长，削肩，帔帛在腹际穿圆环交叉。下穿长裙，裙腰很高并刻意表现出细密的褶皱。左右两侧对称雕刻半跏趺思惟菩萨，侧身举手以食指支下颌，腿部因遇软岩层均已剥蚀。其中右胁侍头部保存最好，瑞典人喜龙仁 1922 年来云冈拍照时，菩萨像还是完整的，但在一张 1933 年德国人拍摄的图片中，该头像已遭盗凿，现藏于美国纽约大都会美

图 160　第 40 窟东壁被盗菩萨头像

术馆，由洛克菲勒夫人于1942年捐赠（图160）。该菩萨头戴山岳形花蔓宝冠，面型清瘦疏括，细眉，双目低视呈思索状，抿嘴内含，神情温雅，清秀俊逸。

经调查统计，云冈被盗造像近百件，主要发生于1907—1934年间，其中以1918—1929年间最为猖獗。由云冈东端第1、2窟一路向西走来，我们已见历代各窟佛像被无情、无畏砍落，徒留岩壁上不可愈合的悲伤。行至第40窟，这段被盗史也画成一个句号，凝成一滴泪，百年未干。

第41窟：云冈观止

该窟平面近方形，西壁、南壁均坍毁，造成窟口开敞。北壁方形龛内雕坐佛，龛外两侧分布佛传故事（图161），可能是受魏晋以来立轴式绘画的启发和影响，故事的发展顺序由右侧自上而下，再由左侧自下向上呈“U”形轨迹推进，云冈仅见于此。右侧最上端第一幅图现在已经很模糊了，过去可见一张横向的床榻，可以推断这是表现乘象投胎题材的画面。沿下方依次雕刻树下诞生、七步莲花、灌浴太子、阿私陀占相故事；左侧佛传图由下向上分别雕刻出家决定、逾城出家、白马吻足、禅定坐佛。

图 161　第 41 窟北壁佛龛两侧佛传故事图

图 162　云冈石窟博物馆

第 41 窟之后，就没有完整内容的洞窟了，您的云冈之行洞窟参观部分即告尾声。当然，云冈的故事远未终止，向南百米的云冈石窟博物馆将会继续向您讲述这座皇家石窟的前生今世（图 162）。云冈历年窟前、窟顶考古发掘出土的文物在博物馆里展示，那被“藏起来的云冈”更会引发令人对过往旧事的遐想……

参考著作:

魏收《魏书》，中华书局，1984年

宿白《中国石窟寺研究》，文物出版社，1996年

彭明浩《云冈石窟的营造工程》，文物出版社，2017年

《云冈石窟全集》20卷，青岛出版社，2019年

赵昆雨、员小中《云冈石窟之谜》，青岛出版社，2020年

赵昆雨《神俗之间：云冈石窟故事图雕刻》，青岛出版社，2022年

（书中图版除特别标注外，均由云冈研究院提供支持，专致谢忱！）